不動産の知識があれば相続税は取り戻せます！

相続開始から5年10カ月以内なら、還付が可能に！

税理士・
相続財産再鑑定士
佐藤和基

住宅新報社

はじめに

平成27年1月1日から、相続税法が変わり大幅な増税となりました。

メディアでもたびたび報じられていますが、基礎控除額が引き下げられたことで、相続税の課税対象者が大幅に増えると見込まれています。

それに伴い、不動産業界、保険業界など様々な業界で相続対策ブームとなっています。また、相続税の課税の対象となる方が1・5倍から2倍になると予測されており、一般の方にも広く関心が持たれています。しかし、実は相続税を納め過ぎている方が大勢いるということはあまり知られていません。

おそらく、相続税を納めた方の多くはこうおっしゃると思います。

「うちはプロの税理士にお願いしているから大丈夫ですよ」

相続税の申告は、ほとんどの方が税理士に依頼しています。ですが、問題なのは、相続税に精通している税理士はごくわずかしかいないということです。

私の経験上、相続税を納めた方10人のうち、7人から8人は残念ながら納め過ぎとなっていました。その多くは土地評価額が高過ぎるケースです。

相続税で損をしないためには、顧問税理士や昔から付き合いがある税理士に依頼するのではなく、相続税が専門で、できれば土地評価に明るい税理士に依頼することが大切です。

ではもし、相続税を納め過ぎてしまった場合はどうすればよいのでしょうか？

安心してください。

申告期限から5年以内（亡くなってからだと5年10カ月以内）であれば、見直しで還付を受けられるケースがあります。

あまり知られていない「相続税の納め過ぎ」ですが、本書によって、少しでも多くの方に知っていただき、納め過ぎた相続税を取り戻すきっかけとなれば幸いです。

目次

第3章

還付成功事例

第7章 知らないと損する生前対策！

※本書の内容は平成27年11月時点での法令等に基づいています。
※本文中には著者の個人的な見解も含まれていますので、あらかじめご了承ください。

イラスト……山脇 豊
デザイン……ホッタデザイン 及川聡子

第1章

納め過ぎた相続税が戻ってくる!?

直近の死亡者数と課税状況の推移

少子高齢化といわれていますが、毎年の死亡者数は年々増加しています。

平成25年の死亡者数は約１２７万人ですが、国立社会保障・人口問題研究所によると２０３８年には年間死亡者数はピークの１７０万人近くに達すると予想されています。

また、平成25年の相続税の課税状況をみると、死亡者数１２７万人に対して5万４４２１件となっており、課税割合（死亡者のうち、相続税がかかる人の占める割合）は４・３％となっています。逆にいえば、ほとんどの人は相続税が課税されないということです。

直近は概ね４・１％から４・３％前後となっていますが、平成27年1月以降の改正後は課税割合が１・５倍から2倍になると予想されています。

●近年の死亡者数と課税件数

年分	①死亡者数(人)	②課税件数	課税割合②／①
平成21年	1,141,865	46,439	4.1%
平成22年	1,197,012	49,891	4.2%
平成23年	1,253,066	51,559	4.1%
平成24年	1,256,359	52,572	4.2%
平成25年	1,268,436	54,421	4.3%

参考までに、近年の死亡者数と課税件数を上記の表にまとめます。

税理士の人数と内訳

税理士の登録者数は、平成26年3月末時点で7万4501人となっています。

そのうち、国家試験に受かって税理士になっている人は、平成26年3月末時点で3万4032人と全体の45・68%しかおらず、他の半分以上の税理士は、大学院を出て科目免除を受けている人や税務署で税務職員として23年以上経験のあと研修を受けたOB税理士（特別試験合格者等）、公認会計士等となっています（13ページの表参照）。

税理士の資格を持っている人は多いですが、税理士の資格があるからといって、必ずしも相続税のプロであるとは限りません。

なぜなら、税理士試験において「相続税法」は必須科目ではなく、選択科目となっているため、相続税を勉強していない税理士も少なくないからです。

国家試験に受かっている税理士の中でも相続税を勉強していない人は多数いるのですが、それ以外の方法で税理士になっている人が相続税を勉強している確率は、極端に低くなるでしょう。

税理士とひと口に言っても得意分野が多岐にわたっているので、税理士だから任せて安心と思うのではなく、本当に相続税が得意なのかをしっかりと見極めることが大切です。

●税理士の内訳

資格	平成26年3月末 登録者数計		平成25年度 新規登録者数	
	人数	割合	人数	割合
試験合格者	34,032	45.68%	876	30.14%
試験免除者	24,297	32.61%	1,468	50.51%
特別試験合格者	7,167	9.62%	2	0.06%
公認会計士	8,422	11.30%	510	17.55%
弁護士	522	0.70%	50	1.73%
税務代理士	48	0.06%	0	0.00%
資格認定者	12	0.01%	0	0.00%
特例法認定者	1	0.00%	0	0.00%
計	74,501	100.00%	2,906	100.00%

これじゃあ、相続税に慣れることは不可能だ！

相続税の課税状況の年間５万４４２１件（平成25年）と税理士の数７万４５０１人（平成26年３月末時点）という２つの数値からも分かるように、１人の税理士が年間に処理する相続税の申告件数は、単純に平均すると約０・７件となっています。

年間に１件にも満たないため、仮

に試験科目として「相続税法」を選択していたとしても、実務経験を積む機会が少なく、腕もさびついてしまいます。

また、一般の税理士が専門にしている会社の顧問（法人税）や個人の確定申告（所得税）は、所得（儲け）に対する税金を計算するのに対して、相続税は財産の無償移転に課税されるものであり、考え方も全く異なります。

そのため、普段接する会計の知識とは全く異なる視点から取り組まなければならず、中には相続税の依頼は一切受け付けないという税理士も少なくありません。

それだけ相続税の処理については慣れる機会も少なく、普段とは違う視点・考えが必要なため、一般の税理士はやりたくないと感じるものなのです。

もちろん、税理士としてのプライドもありますから、できないとは言えずに受けてしまう税理士や、目先の報酬に目がくらんで受けてしまう税理士も残念ながら数多くいます。

相続案件が少ないため、相続税に慣れたくても慣れることはできないという状況は事実であり、その点は仕方がないのかもしれませんが、納税者から相続税申告の依頼を受ける以上は、納税者の信頼に応えていかなければならないと私は思います。

不慣れだからといって間違った申告をすることは、専門家として許されないことであり、見過ごしてよい問題ではありません。

相続税還付に期限はある?

平成23年度税制改正により、平成23年12月2日以降に法定申告期限が到来する国税について、更正の請求ができる期間が法定申告期限から原則として5年に延長されました。

つまり、亡くなってから5年10カ月以内であれば当然の権利として還付請求をすることができるようになりました。

なお、更正の請求とは、税金を多く納めていた場合に税務署に対して還付請求する手続きのことです。病気でいうと、セカンドオピニオンのようなもので、一度納めてしまった相続税が正当であったのかどうか、もう一度別の税理士により確認することができます。それによって、還付される可能性が出てくるということです。

平成23年12月1日以前の取扱い

まずは、改正前の平成23年12月1日以前に法定申告期限が到来する国税の取扱いについて説明します。

改正前の「更正の請求」期限は、法定申告期限から1年間となっていました。

これに対して、税務署側が間違いに気付いた際の減額更正（納め過ぎていた税金を還付する処理）の期限は、法定申告期限から5年間となっていたのです。

そのため、法定申告期限から1年を過ぎると納税者には更正の請求をする権利はなくなりますが、税務署側には5年以内であれば減額更正する権限があるため、更正の嘆願という形で還付請求をすることになります。

ただし、国税庁のほうで3年以内であれば更正の申出を受け付けるとのことなので、その場合には更正の申出という形で還付請求をすることになります。そのため、還付請求の手続きは、法定申告期限からの期間により次の3つに分かれます。

①法定申告期限から1年以内……更正の請求
②法定申告期限から1年を超え3年以内……更正の申出
③法定申告期限から3年を超え5年以内……更正の嘆願

いずれの場合でも還付請求をすることについては変わりないのですが、更正の申出及び更正の嘆願については、申出等のとおりに更正されない場合であっても、不服申立てをすることはできません。

また、更正の嘆願の場合には、万が一、提出後に5年を超えてしまうと税務署側としても減額更正ができなくなってしまうため、税務署側の調査をする期間を考慮して概ね3カ月以上前までには提出する必要がありました。

平成23年12月2日以降の取扱い

平成23年12月2日以降は、納税者側からの更正の請求ができる期限が法定申告期限から5年間に延長されたため、税務署側の減額更正の期限と統一されたことになります。

そのため、法定申告期限から5年以内については全て「更正の請求」で還付請求をすることになりました。

●法定申告期限が平成23年12月1日まで

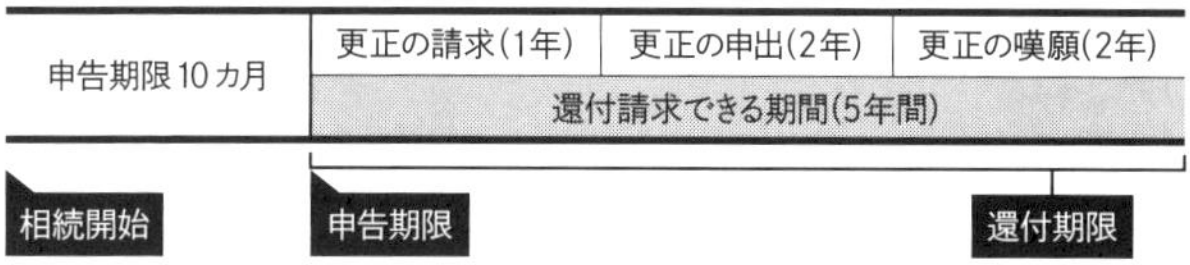

●法定申告期限が平成23年12月2日以降

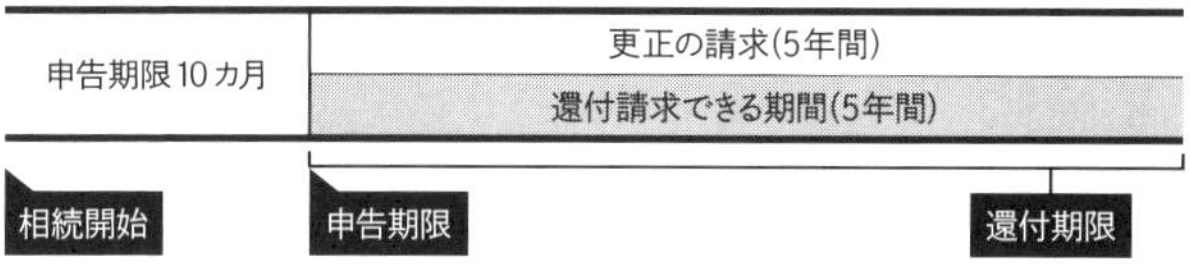

さらに、仮に更正の請求に対して還付が認められずに「更正をすべき理由がない旨の通知書」が届いた場合には、不服申立てを行うことができます。

つまり、納税者の権利が強くなったといえます。

なぜ還付を受けられるのか

ここでは、なぜ相続税の還付を受けられるのかという3つの理由について、一般的な税理士や税務署の相続税についての実態もまじえながら説明したいと思います。

相続税の申告を担当した税理士が、相続や不動産に関して知識をどのくらい持っているか、実務経験がどのくらいあるのかということも大きく関わってきます。

税理士は相続税に慣れていない

税理士は税金のプロではありますが、我が国には様々な税金があり、全ての税金に完璧に対応できる税理士は残念ながらいません。

先ほども書きましたが、一般の税理士は個人の確定申告や法人の顧問などと比べて、相続税の申告に携わる機会が極端に少ないのが現状です。そのため、相続税申告の依頼があったら本を見て調べながら申告をするという税理士も数多くいるくらいです。

医者に内科、外科、眼科、耳鼻科などの専門があるように、税理士にも分野ごとに得意不得意があるので、本来ならば医者のように専門分野で分けるべきだと私は思います。

全く相続税の申告をしたことがない税理士に依頼して、その税理士が本を見ながら申告書を作成していたら不安ですよね？

一般的な税理士は法人税、所得税、消費税を専門にすることが多く、相続税を専門にする税理士は限られているということを一般の方にも理解していただきたいところであります。

一般の税理士は普段から相続に接しているわけではないので、相続手続きに慣れていませんし、相続税の経験が少ないので税金を下げるためにどうすればよいのか？

という発想が出てきません。

特に財産評価は税金の計算とは違いますので、慣れていない税理士に正確な評価をしろというほうが無理なのかもしれません。

例えるならば、内科医に対して外科手術を依頼するようなものです。普段、手術をしていない内科医に外科手術をお願いしても、専門ではないため執刀すること自体、難しいでしょう。

手術を成功させるなら外科医に依頼するのがベストであるように、相続税の申告も相続税専門の税理士に依頼するのがベストなのです。

税理士は不動産のプロではない

税理士が相続税に慣れていないということはご理解いただけたと思いますが、では具体的になぜ相続税に差が出てしまうのでしょうか?

それは財産評価にあります。

相続税を計算するためには、単純に税金の計算の仕方を理解しているだけでは相続に合った税金を計算することはできません。税金の計算の基となる財産の評価をしっかりしなければ、間違った評価額に対して税金計算をしてしまうことになってしまいます。

そのため、被相続人が所有していた財産を正確に時価評価することがとても重要になってきます。

とはいえ、実際に売買するわけではありませんし、評価する財産は、土地、家屋などの不動産をはじめとして、動産、無体財産権、有価証券など多種多様であり、これら各種の財産の時価を的確に把握することは容易ではありません。

原則として、国税庁が定めた「財産評価基本通達」に基づいて時価評価をすることになりますが、それでも普段から財産評価をしていない税理士だと誤った評価をしてしまいます。

特に差が出てくるのが土地の評価です。

土地の評価についても、基本的なことは「財産評価基本通達」に基づいて行います。

しかし、相続税に慣れていない税理士は、土地の現地調査、役所調査を実施していないため、最大限の評価減をしていない場合が多く、税理士によっては数百万円から数千万円の差が出ることが多々あり、場合によっては億単位の差が出てきます。

また、不動産にはそれぞれ個性がありますから、財産評価基本通達だけではとても対応しきれていません。

中には財産評価基本通達には載っていないけれど、実務上認められている評価減というものがあるのです。

正確な土地評価をする際には、現地調査、役所調査を実施し、土地の利用制限、公法上の制限等の有無を確認し、実務上是認されている最大限の評価減要素を反映させていきます。また、財産評価基本通達等に基づく相続税評価額が時価と乖離しているような場合には、不動産鑑定士の鑑定評価を求めることもあります。

以上のように財産評価を正しく行うことで、課税の対象となる課税価格が下がり、相続税の還付を受けることができます。

成功率も10件中7件以上となります。

税務署は追徴課税を狙ってくる

正しい納税がされているのかという点について、チェックをする組織として一般的にイメージされるのは税務署だと思います。

税務調査という言葉を聞いたことはありませんか？

税務調査は、納税者が正しく納税をしているかをチェックするためのものです。

そのため、相続税を納め過ぎていた場合には、税務調査で戻ってくるのではないかと期待を持たれるかもしれませんが、残念ながら税務調査とは、基本的に課税漏れがないかと追徴課税を狙っているのです。

特に力を入れているのは、預金関係の調査です。

亡くなった被相続人の通帳と相続人の通帳はもちろん調べてきますし、直接相続人ではない孫などの通帳も調べてきます。

相続直前の引き出し額から手許現金の妥当性や、親族間での預金のやり取り、生前贈与や貸付金の有無を調査します。

また、相続人等の親族名義で、その個々の親族の可処分所得と照らし合わせて、可処分所得を超えた金融資産があるかどうか、印鑑や通帳の管理は誰がしていたのか、などの事実関係から名義預金の有無などを徹底的に調べてきます。

ほかにも海外の通帳等がある場合には、海外に隠し財産があるのではないかなど、申告漏れの可能性について徹底的に調べてきます。

以上のように、申告漏れがないか追徴課税を狙って行われるのが税務調査です。

これに対して不動産の評価はどうでしょうか？

例えば、土地などで大きな減額をしている場合には、その減額が適正なものかどうかをチェックします。また、本来認められないような減額をしている場合には、否認されて増額となることが考えられます。

しかし、逆に減額要素があるのに減額していない場合には、特に減額要素があるかどうかはチェックしません。

つまり、減額をしている場合にはチェックをして、適正でなければ否認して追徴課税をし、特に減額をしていない場合には、減額要素を考慮することもせずそのままのため、税務署からの還付はありません。

以上のように、税務署は増額要素（追徴課税）については徹底的に調べてきますが、減額要素については残念ながら調べてくれないのが実情なのです。

仮に税務署が税務調査の際に減額要素がないか否かということまで調べ始めてしまうと、税務署の仕事が大幅に増えてしまい、きりがなくなってしまうという理由もあると思います。

土地の減額要素を見つけるためには、ノウハウがかなり必要になります。

現地調査をして道路の幅員を確認したり、ほかにも周りの状況を確認します。

隣に墓地はないか？　線路沿いで騒音がうるさくないか？　空を見て高圧線下ではないか？　役所調査でも建築基準法の道路の確認や都市計画図の確認等をし、様々な角度から減額の可能性について追及していきます。

かなりの労力も使うことから、税務署はそこまでして減額要素を探してくれません。

そのため、税務調査が入った場合でも追徴課税を取られることはあっても還付になることはないのです。減額要素についてわざと指摘しないのではなく、税務署も気付いていないケースが多いと思われます。

相続税の還付を受けるためには、こちら（税理士等）から減額要素について立証し、更正の請求をすることで税務署も初めて減額要素があることに気付くのです。

税務調査が終わったから税額も確定した、と思うのは大きな間違いといえます。

第2章

税理士が間違えやすい土地評価・その他のポイント

この章では、税理士が間違えてしまいがちなポイントを、私の経験に基づいて説明したいと思います。よくあるケースから稀なケースまで、いろいろな減額要素があります。

中でも大きな要素となるのは土地の評価であるため、土地の評価に関するポイントがメインとなります。土地評価についての知識があれば、相続税の納め過ぎを防げたり、納め過ぎてしまった人も、還付の可能性に気付くことができるはずです。その他、土地以外の細かい財産についても説明しますので、ぜひ参考にしてください。

不整形地補正の失念

形が正方形、長方形のように整形地であれば必要ないのですが、形がいびつであれば利用価値が下がってしまうため評価減ができます。

●不整形地

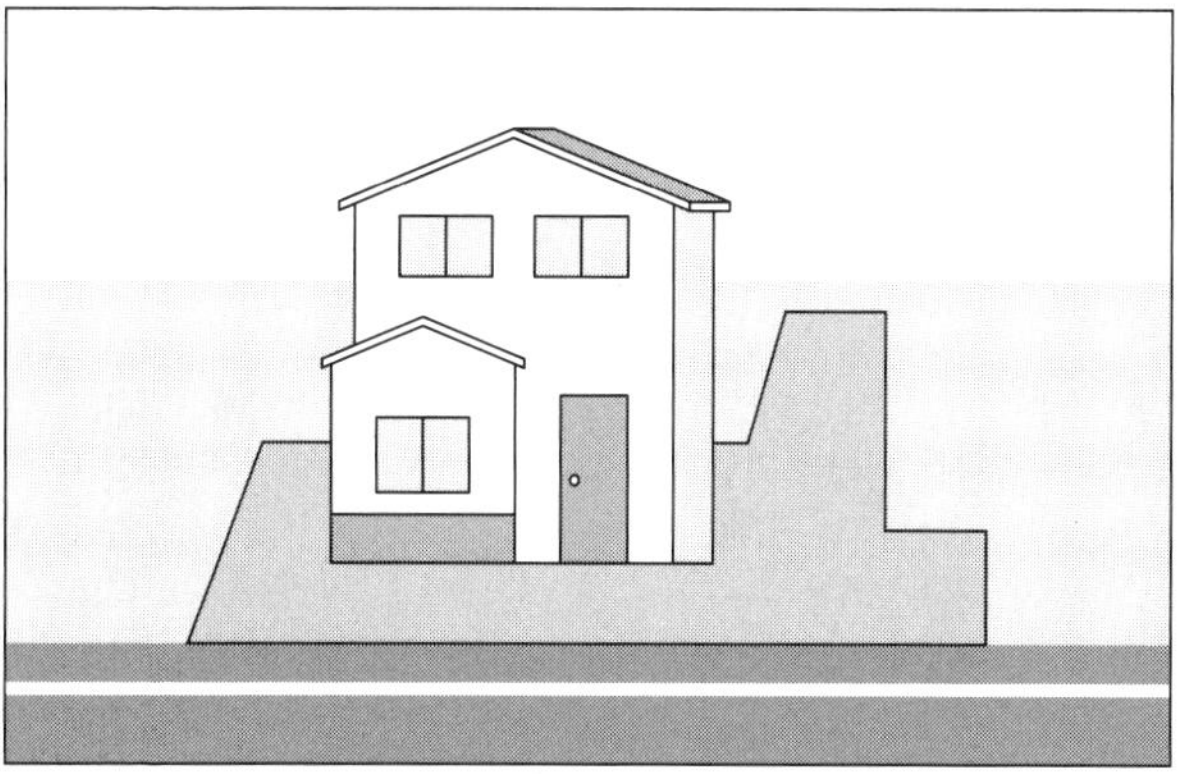

不整形地補正は基本的な評価減要素ですし、机上でも判断できるので、失念する税理士はそこまで多くはないですが、明らかな不整形地のみについて不整形地補正を適用し、微妙に不整形地として評価を下げることができそうなものについては失念しているケースがよくあります。

パッと見た感じでは長方形に見えても、道路に接している間口から見ると垂直ではなく斜めになっているようなケースではよく失念しています。

不動産評価に慣れていない税理士ですと、見た目だけで不整形地ではないと判断してしまうのでしょう。

逆に慣れている税理士であれば、斜めになっているから不整形地で評価減できるかもしれない、と判断がつくのですが。

基本的な論点ですが、よく出てくる論点となります。

差引計算の失念

差引計算は、旗竿敷地について適用できる評価減要素となります。

評価の仕方としては、不整形地について近似整形地を求め、隣接する整形地と合わせた全体の整形地の価額の計算をしてから、隣接する整形地の価額を差し引いて計算する方法となります。

財産評価基本通達にも記載されていて机上でも計算できるのですが、かなりの税理

例：土地及び土地の上に存する権利の評価明細書

近似整形地と隣接する整形地とを合わせた後の全体の整形地を基として評価

❶近似整形地と隣接する整形地とを合わせた後の全体の整形地の奥行価格補正後の価額

100,000円×0.98×600.00㎡=58,800,000円

※奥行30.00m

❷隣接する整形地の奥行価格補正後の価額

100,000円×1.00×400.00㎡=40,000,000円

※奥行22.22m（400.00㎡÷18.00m［間口距離］）

❸近似整形地の奥行価格補正後の価額

58,800,000円－40,000,000円=18,800,000円

❹近似整形地についての奥行価格補正後の1㎡当たりの価額

18,800,000円÷200.00㎡=94,000円

財産評価基本通達20（4）参照

【イメージ図】

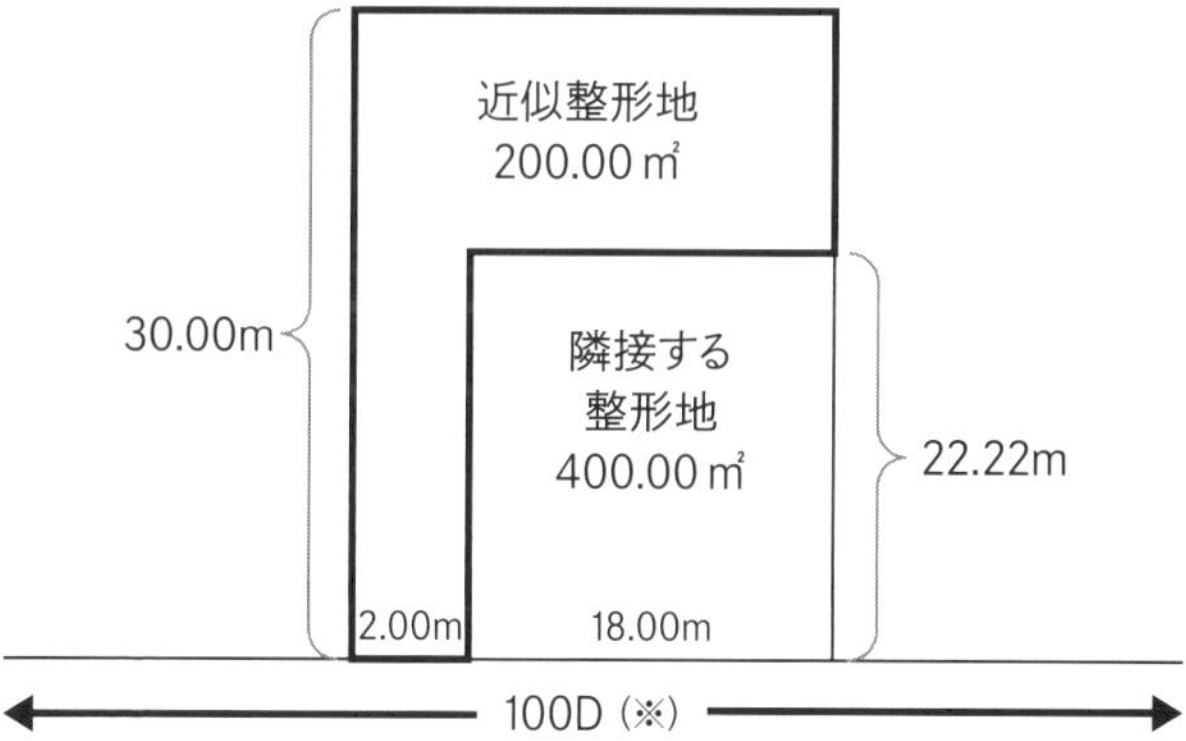

※100Dの表記については249ページ「特定路線価を設定しない場合」を参照

士がこの差引計算を失念しています。

ベテランの税務職員でも「この評価はどういうことですか?」と聞いてくるので、ほとんどの税理士が失念している(税務職員も見る機会が少ない)のでしょう。

かなりの頻度で税務職員も把握していない論点であるため、最近では35ページのように、添付する計算資料の中に次のような根拠通達の番号を入れるようにしています。

財産評価基本通達20(4)参照

間口案分の失念

評価地について、正面と側面に路線がある場合には、一方のみが路線に面している宅地より利用価値が高いと考えられますので、側方路線影響加算というものを行います。

この場合に、側方路線に接する部分がその宅地に係る想定整形地の間口距離よりも短い場合には、側方路線に接する部分がその宅地に係る想定整形地の間口距離に占める割合により、加算額を調整します。

また、側方路線に接している道路が一部のみである場合にも、同様に加算額を調整します。

評価減要素としては、そこまで大きくはないのですが、失念している税理士がかなり多く、私が今まで見直しをした中では、10人中９人は失念していました。

逆にいうと、この間口案分の計算をしている税理士は、かなり細かいところまで注意して評価をしているといえます。

評価単位の誤り

土地の評価は利用単位ごとに分けるのですが、評価単位を誤っているケースもあります。

きちんと評価単位を分けることで、1つひとつの土地の形がいびつになり、不整形地補正の減額ができたり、差引計算の減額ができるなどの減額要素が発生します。

評価単位のポイントをまとめると次のとおりとなります。

①土地の評価は原則として、地目の別に行う

地目には宅地、田、畑、山林、原野、牧場、池沼、鉱泉地、雑種地があります。

②2以上の地目が一体利用されている場合

●評価単位の誤り

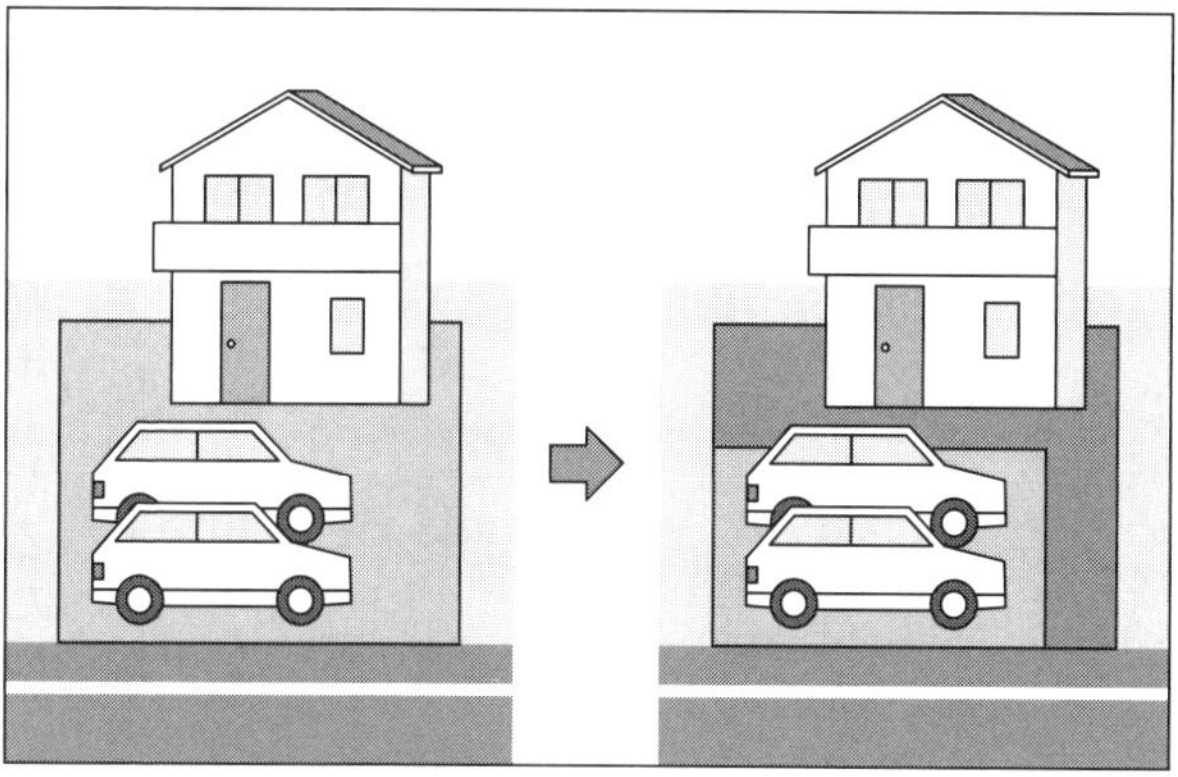

（誤）自宅と駐車場が一体評価　　（正）自宅と駐車場は別評価
※自宅が旗竿地になるため、差引計算と不整形地補正の適用が可能になる。

その主たる地目からなるものとして、一体評価します。

③２以上の地目が一体利用されており、かつ、異なる権利（例えば、借地権と賃借権）がある場合

まず、一体評価を行い、その価額をそれぞれの土地の地積で案分し、その案分したものに借地権、賃借権等の権利割合を乗じて評価します。

なお、同一の敷地内にマンションとそのマンションの入居者専用の駐車場がある場

合には、一体利用となるため、一体評価をして全体を貸家建付地として評価します（駐車場が入居者専用でない場合は別評価をします）。

また、自宅と月極駐車場が隣接している場合の評価単位はどうなるのでしょうか？

この場合、いずれも自用地として評価するため、一括評価とも考えられそうですが、利用状況としては、一体利用ではなく、評価の原則どおり地目別（自宅は宅地、月極駐車場は雑種地）で評価します。

④宅地の評価は1画地の宅地ごと（利用単位ごと）に評価する

自用地、貸宅地、貸家建付地等の区分に分けます。

自用地は居住用か事業用かにかかわらず、全体を1画地として評価します。

貸宅地は、借地人が異なるごとに1画地として評価します。

貸家建付地は、貸家の各棟の敷地ごとに1画地として評価します。

●広大地

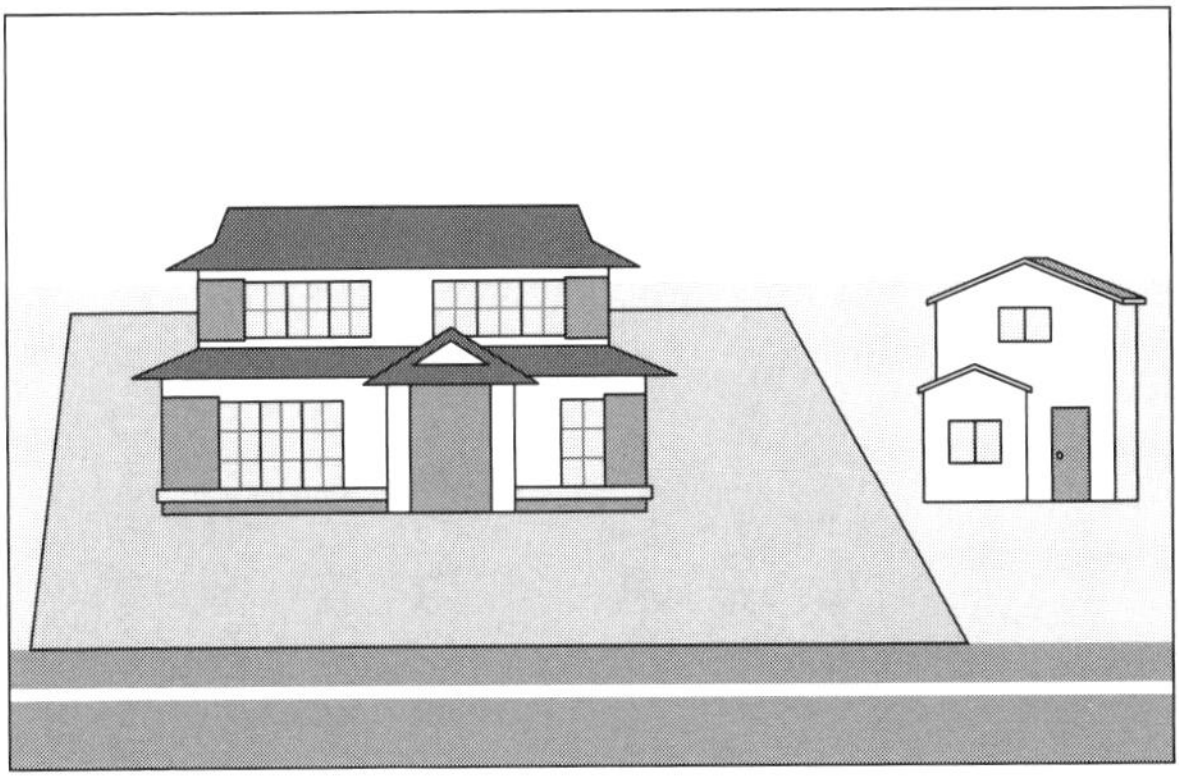

広大地評価の失念

その地域における標準的な宅地の地積に比して著しく地積が広大な宅地で一定の要件を満たすものは、大幅な評価減ができるのですが、失念しているケースがあります。

原因の１つとしては、広大地に該当するのか否かの判断が非常に難しい点が挙げられます。

そのため、リスクを負いたくない税理士は、とりあえず広大地評価を適用しないで高めの評価で申告していることがあります。

税務署に否認されないためとはいえ、消極的と言わざるを得ないでしょう。

専門家としてそのような考え方はいかがなものかと思ってしまいますが、実際に広大地評価を適用すると税務署から否認されることもあります。

判断が難しいために税務訴訟になるケースも珍しくなく、広大地評価の失念も多くありますが、認められた際の還付金額は広大地評価1件で数百万円から数千万円になることもあるので、チャレンジしない手はないでしょう。

広大地の判断が難しい場合には、不動産鑑定士に意見書を書いてもらうこともありますが、基本的には「広大地評価のフローチャート」（43ページ参照）の空欄を埋めて補足意見を書いて添付します。

広大地評価のフローチャート（見本）

※ それぞれの項目の空欄に記入して使用

評価地の所在地：

❶大規模工場用地に該当するか → YES 非該当

※ 路線価図で確認

該当地区：

NO ↓

❷マンション適地か、又は、既にマンション等の敷地用地として開発を終了しているか → YES 非該当

※原則として、容積率 300%以上の地域に所在する土地は「マンション適地」に該当

用途地域：　　　　容積率：　　　　%

NO ↓

❸その地域における標準的な宅地の面積に比して著しく面積が広大か → NO 非該当

※各自治体が定める開発許可を要する面積基準以上のもの
（開発指導要綱で確認）

面積基準については、原則として、下記により判断

①市街化区域、非線引き都市計画区域（下記②を除く）

1 市街化区域
　三大都市圏 ……………… 500㎡
　それ以外の地域 ……………… 1,000㎡
2 非線引き都市計画区域 ……………… 3,000㎡

②用途地域が定められている非線引き都市計画区域

……………… 市街化区域に準じた面積

地域：　　　　評価地積：　　　　㎡

YES ↓

❹開発行為を行うとした場合、公共公益的施設用地の負担が必要と認められるか → NO 非該当

※公共公益的施設用地として、道路開設の必要性が認められない場合には「NO」
※可能であれば「開発想定図」を作成して添付する

YES ↓

財産評価基本通達24-4の「広大地」に該当　本件評価地について広大地評価を行う

セットバックの失念

建築基準法上、道路の幅員は4m以上必要となります。道路の幅員が4m未満の場合には、建築基準法第42条第2項の規定により、指定を受けている道路、いわゆる2項道路である可能性が高くなります。

2項道路の場合には、将来建物を建て替える際などに道路幅員が4mになるように後退（セットバック）しなければなりません。

セットバックは道路の両側を均等にするため、例えば、道路幅員が3mの場合には0・5mずつセットバックすることになります。

そのため、セットバック予定地については70％の減額が認められていますが、道路の幅員を測っていない税理士、役所調査をしていない税理士が多いため、セットバックの減額を失念しているケースがたくさんあります。

●狭い道路に面した土地

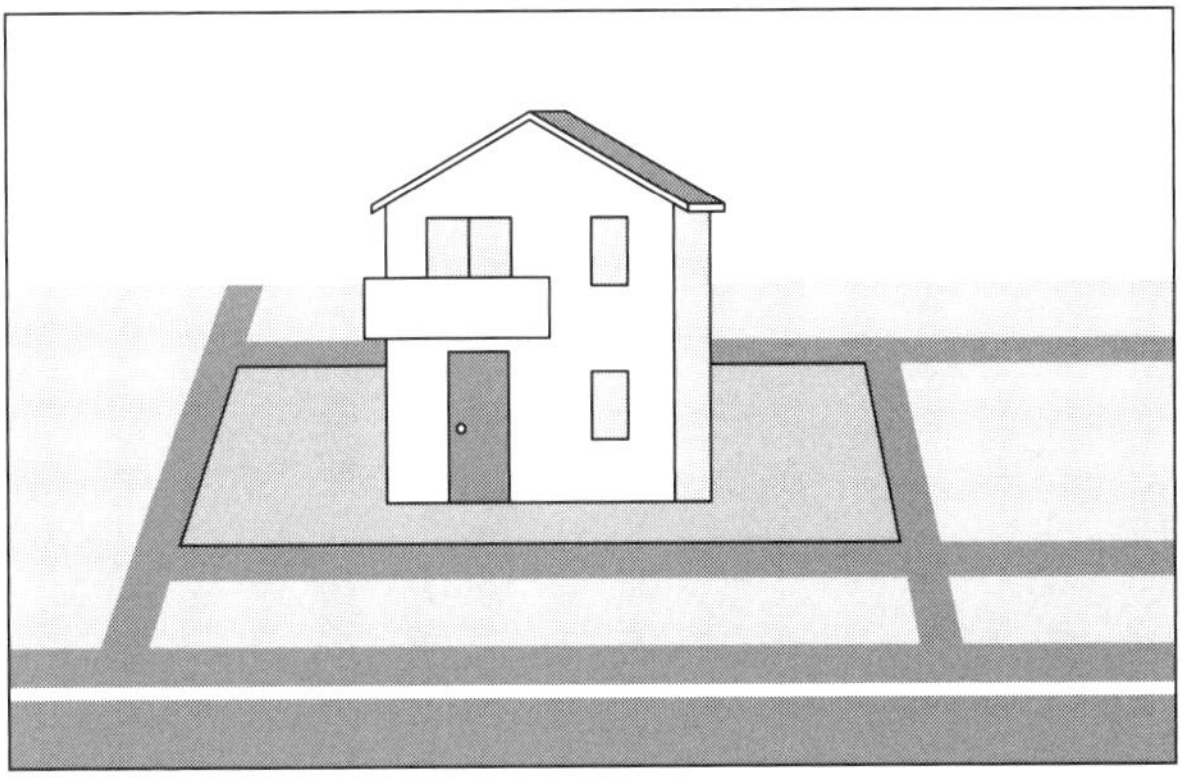

道路が狭いと思ったら、還付の可能性があります。

参考までに建築基準法第42条の道路についてご紹介します。

○建築基準法第42条第1項第1号（1項1号道路）

道路法による道路（国道、県道、市道等）

※原則として、自動車専用道のみに接している敷地には、建築物は建てられません。

○建築基準法第42条第1項第2号（1項2号道

路）（開発道路等）
土地区画整理法、都市計画法その他の法令による道路
○建築基準法第42条第1項第3号（1項3号道路）
建築基準法施行時以前より存在する道路
○建築基準法第42条第1項第4号（1項4号道路）
道路法、都市計画法その他の法令により事業計画のある道路で、特定行政庁が指定した道路
○建築基準法第42条第1項第5号（1項5号道路）（位置指定道路）
土地所有者が築造し、特定行政庁からその位置の指定を受けた道路

○建築基準法第42条第２項（２項道路）（みなし道路）
建築基準法施行の際、現に建築物が立ち並んでいる４ｍ未満の道路で、将来は４ｍに拡幅が可能と特定行政庁が指定した道路

○建築基準法第42条第３項（３項道路）
将来も拡張困難な２項道路の境界線の位置を中心線から１・３５ｍ以上２ｍ（３ｍ）未満に緩和する道
※ただし、崖地などは２・７ｍ以上４ｍ（６ｍ）未満

○建築基準法第42条第４項（４項道路）
６ｍ区域内にある道路幅員６ｍ未満の道路で、特定行政庁が認めた道
第１号……避難・通行に安全上支障がない幅員４ｍ以上の道

第2号……地区計画等に適合した幅員4m以上の道
第3号……6m区域指定時に現存していた6m未満の法第42条第1項適用の道路

○建築基準法第42条第5項（5項道路）
6m区域指定時に現に存していた道（4項3号）で幅員4m未満の道。6m区域指定時に境界線とみなされていた線をその道路の境界線とみなす。

○建築基準法第42条第6項（6項道路）
幅員1・8m未満の2項道路（建築審査会の同意が必要）
※古い城下町に多く見られます。

●都市計画道路予定地

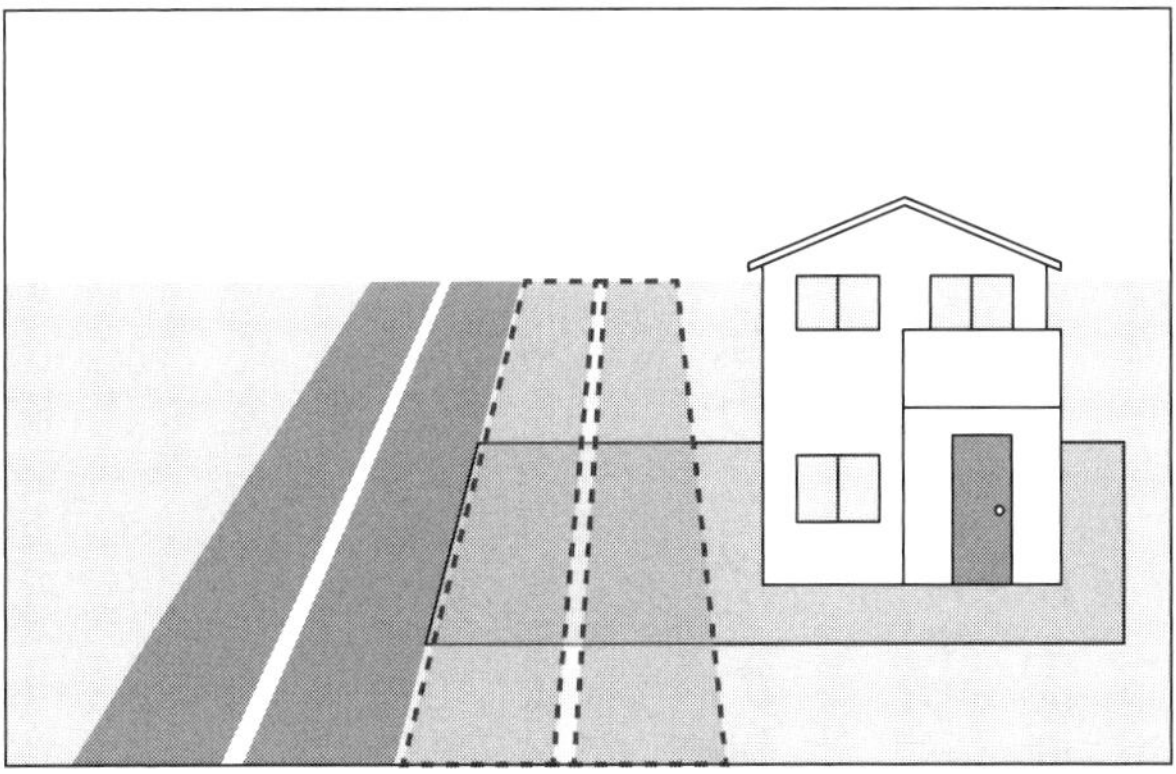

都市計画道路予定地の失念

都市計画道路予定地の区域内にある宅地については、将来道路となる予定であるため、２階建ての建物しか建築できない等の制限がかかっています。

そのため、都市計画道路予定地の区域内の宅地については評価を減額できるのですが、現地調査をしても都市計画道路予定地の区域内かどうかは分からないことが多いでしょう。きちんと役所調査をして確認をすることになります。

役所で都市計画図を閲覧すれば、都市計画道路予定地か否かの確認ができます。

最近は役所のホームページから閲覧可能なところも増えてきていますので、比較的容易に確認することができます。

容積率の低い地域では減額される金額も低いですが、容積率の高い地域などでは大きな減額につながることがあります。

都市計画道路予定の有無を確認していない税理士は多いと思います。

容積率の異なる2以上の地域

容積率とは敷地面積に対する建物の延床面積の割合のことです。つまり、その敷地に対してどれくらいの規模（床面積）の建物が建てられるか、という割合のことです。

評価地が容積率の境にある場合の路線価は、道路に面する地域の容積率を反映して

●異なる容積率が設定されている土地

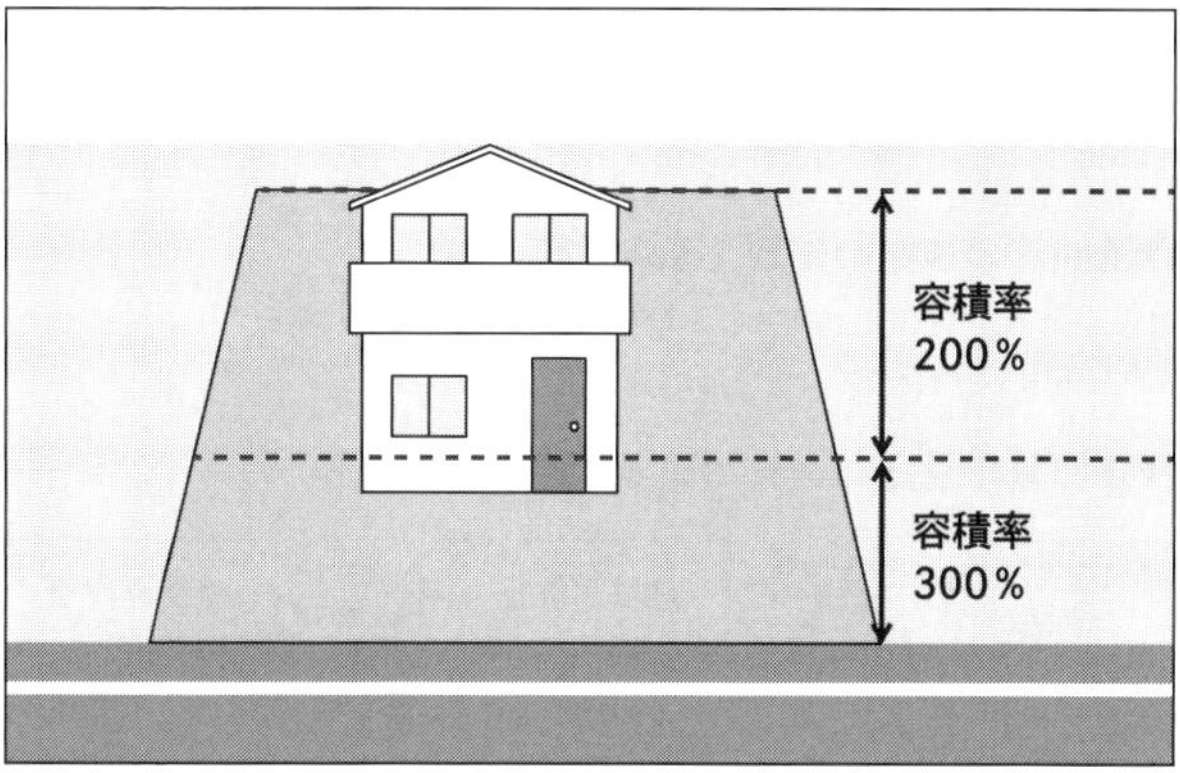

いるため、道路に面する地域の容積率と異なる容積率の部分を有しているという個別的な要因が、評価額に反映されていないことになります。

そのため、容積率の相違による個別事情を考慮して評価額を減額することができますが、失念しているケースがたくさんあります。

こちらも都市計画道路予定地の確認と同時に、都市計画図を閲覧した際に確認できます。

参考までに、役所調査で確認する事項を52ページにまとめます。

役所調査（道路・都市計画等）　確認事項

調査日：平成　　　年　　　月　　　日
評価地の所在地：
※余白に確認した部署と担当者名を記入

❶道路法の道路の確認（道路管理課等）

道路の幅員（　　　　m）　道路の名称（　　　　　　　　　　）
※道路台帳の写しの入手

❷建築基準法上の道路の確認（建築指導課等）

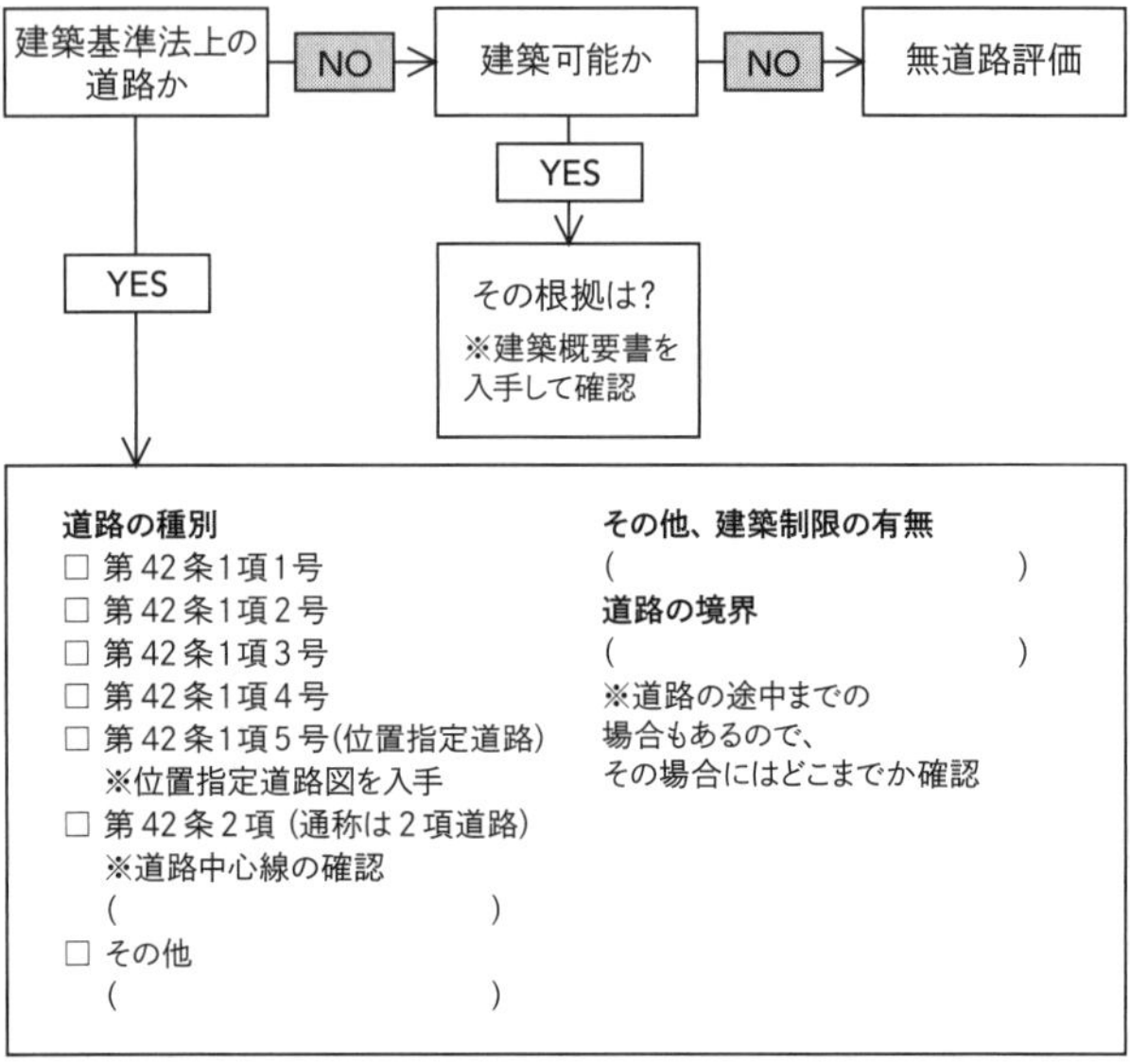

道路の種別
- □ 第42条1項1号
- □ 第42条1項2号
- □ 第42条1項3号
- □ 第42条1項4号
- □ 第42条1項5号（位置指定道路）
  ※位置指定道路図を入手
- □ 第42条2項（通称は2項道路）
  ※道路中心線の確認
  （　　　　　　　　　　）
- □ その他
  （　　　　　　　　　　）

その他、建築制限の有無
（　　　　　　　　　　）
道路の境界
（　　　　　　　　　　）
※道路の途中までの場合もあるので、その場合にはどこまでか確認

❸用途地域等の確認（都市計画課等）

用途地域（　　　　　　　　　　　　　　　　）
容積率（　　　　%）　建ぺい率（　　　　%）
都市計画道路予定地の有無（　有　・　無　）
※都市計画道路予定地にかかっている場合には、図面に落とし込む
地区計画地域等の建築制限の有無の確認（　　　　　　）

❹埋蔵文化財包蔵地の確認（文化財保護課）・土壌汚染の確認（環境対策課）

高圧線下

空を見て高圧線が通っている場合には、建築制限又は建築が全くできないため、減額要素となります。

現地調査をすれば分かることですが、相続税評価に慣れている税理士であれば、住宅地図や路線価図で、鉄塔と鉄塔の間に評価地があるから高圧線が通っているのでは？と予測することができます。しかし、そこまで気付く税理士は少ないでしょう。

高圧線下の土地であるか否かの調査ポイントをまとめると左記のとおりとなります。

①登記簿謄本（全部事項証明）で確認

土地の全部事項証明書の「乙区」で、登記目的「地役権設定」とともに、その概要を確認することができます。

●高圧線下

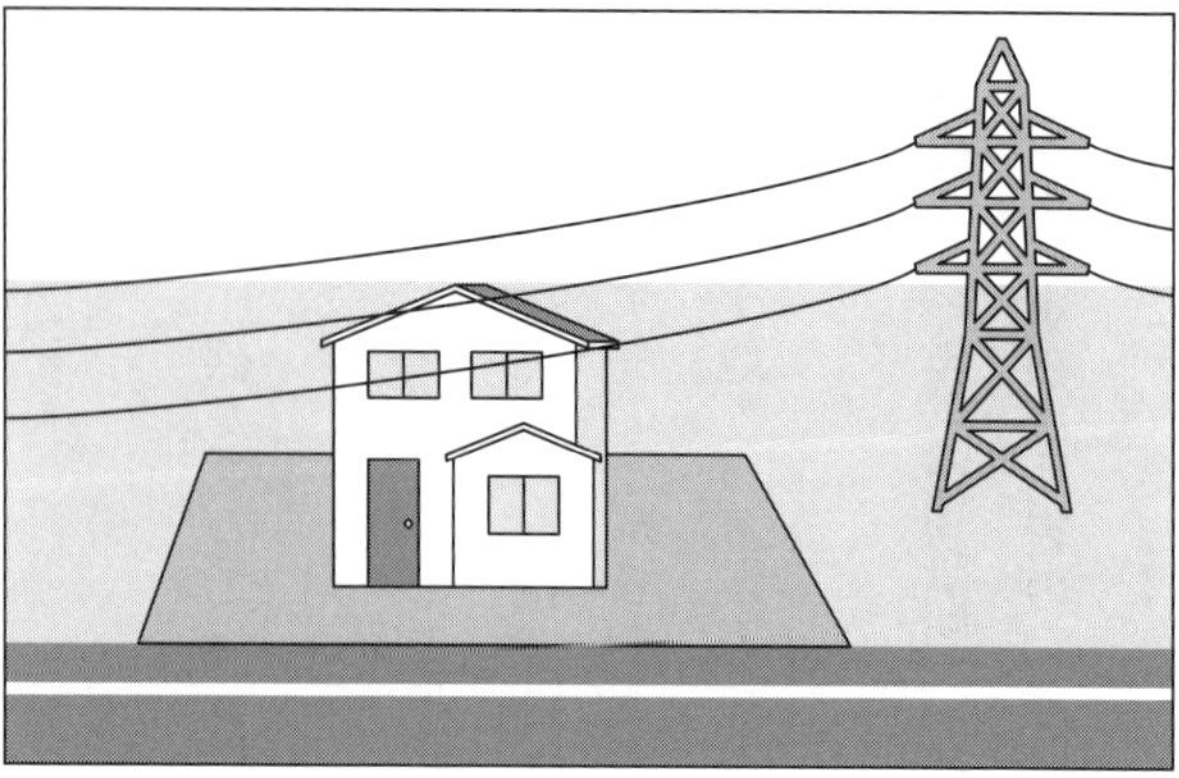

②公図で確認

地役権設定に伴い土地が分筆されている場合には、公図上で平行線上に土地分筆が行われている場合があります。

③住宅地図（又は路線価図）で確認

住宅地図（又は路線価図）に高圧線鉄塔が記載されている場合には、評価地と高圧線鉄塔との位置関係を確認し、高圧線鉄塔と高圧線鉄塔の間にある場合は、高圧線下の可能性があります。

④地役権設定契約書で確認

評価地の所有者が電力会社等と契約した「地役権設定契約書」で、その内容を確認することができます。

⑤現地調査

現地の空を見上げることで確認します。高圧線下である場合には付近の高圧線鉄塔まで行き、鉄塔番号、送電線名称、管理者の連絡先を確認しておきます。

⑥電力会社での確認

契約書や現地にて確認した高圧線管理者である電力会社に次の点を確認します。

○地役権設定の有無
○家屋の建築制限（建築禁止か、高さ、階数等の制限か）

●線路沿いの土地

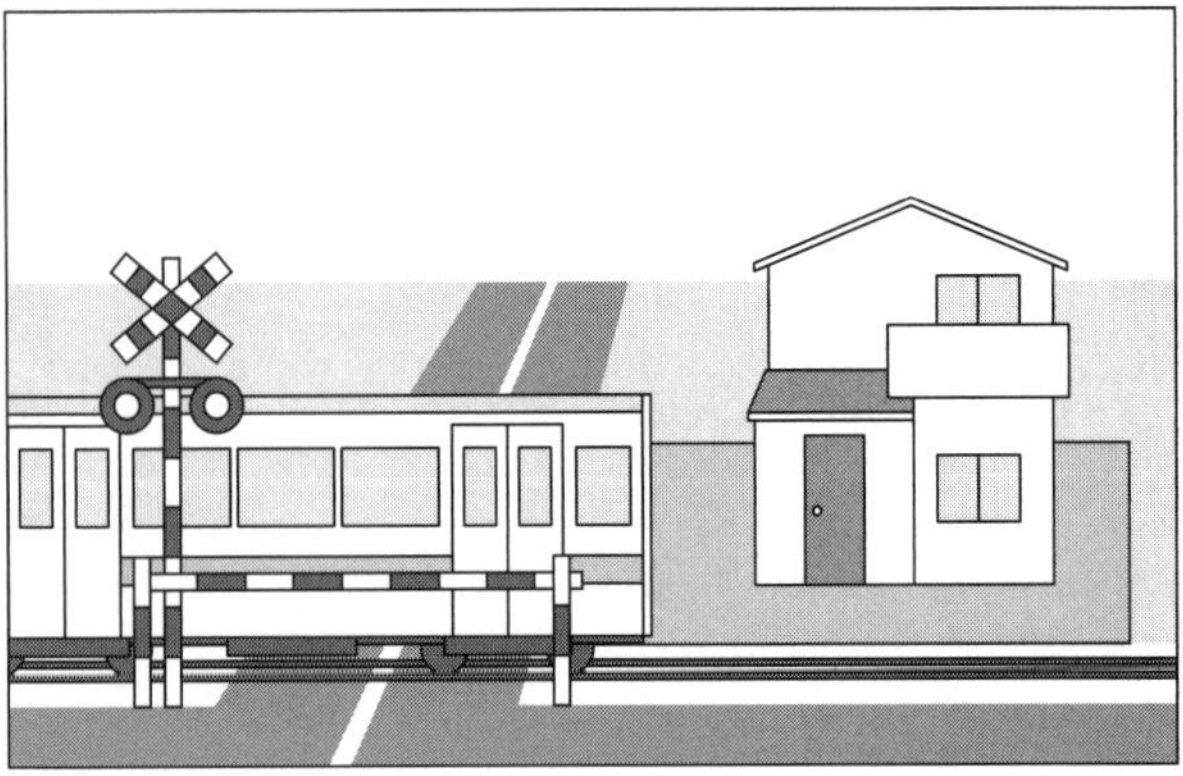

○地役権の及ぶ範囲（地積等）

騒音による評価減の失念

第3章還付成功事例❷の「電車の騒音がうるさい」（94ページ参照）で詳しくご紹介しますが、騒音による評価減を失念しているケースがあります。

ただし、線路沿いで騒音がうるさいからといって、必ずしも減額が認められるわけではありません。

路線価に、騒音による利用価値の著しい低下

利用価値の著しく低下している宅地の10%減（騒音）

◉ **評価地の所在地：**

杉並区西荻北○丁目○番○の土地（以下「評価地」という）はJR中央・総武線沿いにあり、最寄り駅は西荻窪駅である。

別紙時刻表によると、始発は午前4時33分（各駅停車三鷹方面（西行））であり、終電は午前1時16分（各駅停車三鷹方面（西行））であるため、電車が走る時間は約21時間である。
また、電車の本数は平日の各駅停車（東行）が240本、各駅停車（西行）が239本、快速（上り）が230本、快速（下り）が225本の合計934本である。

以上の点から1時間の平均で44本（934本÷21時間）の電車が停車して通過していることになり、電車が通過する頻度は非常に多いといえる。
また、最も混雑する通勤ラッシュの時間帯である午前8時については、1時間で92本の電車が停車して通過しているため、約39秒に1本のペースで電車が通過していることになり、常にうるさいと感じる頻度である。

鉄道騒音の調査を行ったところ、JR中央線（中野区中野）で、騒音のピーク時の値として77dB、Leqの値として68dB、Leqの構成要素であるLAeの値として86dBであった。86dBという値は、別紙東京都環境局の「建設騒音・振動防止のしおり」によると、「バス車内、騒々しい街頭」よりうるさく感じる値である。
以上から騒音等により利用価値の著しく低下している宅地であるといえる。

※ Leq … 等価騒音レベルのことであり、騒音レベルが時間とともに変化する場合、測定時間内でこれと等しい平均二乗音圧を与える連続定常音の騒音レベル。
※ LAe … 単発騒音暴露レベルのことであり、単発的に発生する騒音の1回の発生ごとのA特性で重み付けられたエネルギーと等しいエネルギーを持つ継続時間1秒の定常音の騒音レベル。

路線価について、当該鉄道線沿いから影響を受けると認められる振動や騒音等による利用価値の低下が織り込まれているか否かがポイントとなるが、評価地に採用される○○千円の路線価が線路沿いの南側から線路沿いを離れた北側まで一律○○千円となっており、その点から線路沿い部分に利用価値の低下が織り込まれていないことは明らかである。

以上のことから、評価地について騒音により利用価値の著しく低下している宅地として10%の評価減を行う。

が織り込まれている場合もあります。

そのため、評価地の接する路線価に、騒音による減額が織り込まれているか否かの判断が重要になってきます。

細かいポイントについてはここでは割愛させてもらい、実際に税務署に対して還付請求をした際の添付資料（説明文）をご紹介します（57ページ参照）。

土壌汚染による評価減の失念

実はまだ、土壌汚染による評価減での還付請求はしたことがないのですが、失念の可能性がありそうなものとして紹介します。

土壌汚染の調査ポイントをまとめると、次のとおりとなります。

●土壌汚染

①役所調査

各自治体の環境対策課で土壌汚染関連の条例、要綱や指導指針等に応じた公開情報を確認します。

主なものとしては、次の2つがあります。

○「要措置区域台帳」
○「形質変更時要届出区域台帳」

なお、次のような場合には土壌汚染対策法の調査対象となりませんが、土壌汚染又はそれに類する状況である可能性が高くなります。

・操業中の工場用地
・小規模な工場等であった土地で、使用廃止後

は事業者の居住用等に用途転換されている場合

・街中に存するクリーニング店やガソリンスタンドの敷地又はその周辺

②登記簿調査

閉鎖登記簿で確認し、過去の所有者が「○○化学工業」等であったり、建物種別が「工場」であった場合には、土壌汚染の可能性があります。

③地図調査等

過去の住宅地図を確認し、かつては工場等であった場合には土壌汚染の可能性があります。

④所有者及び利用者へのヒアリング

所有者及び利用者へのヒアリングをして確認します。

⑤現地調査

現地調査で注意すべき点は次のとおりとなります。

不自然な盛土、埋立跡、放置物、焼却施設、油漏れ、臭気、表土の変化、植物の枯死、不自然な窪地、野積みドラム缶、焼却灰の処理跡、排水汚染ピット、外部への排水、人工池、排水溝、井戸の配置、地下タンク、危険物貯蔵保管庫、化学物質の取扱い、保管庫床面処理等

造成費控除の失念

市街地農地の評価では、その農地が宅地であるとした場合の価額から、その農地を宅地に転用する場合に通常必要と認められる造成費を控除して評価します。

造成費には大きく分けて「平坦地の宅地造成費」と「傾斜地の宅地造成費」があります。

平坦地の宅地造成費としては、整地費、伐採費、抜根費、地盤改良費、土盛費、土止費があり、傾斜地の宅地造成費は傾斜度により控除できる金額が決まっています。

整地費などは1㎡当たりの減額は少ないですが、敷地が広大であれば大きな減額になることもあります。

生産緑地の失念

生産緑地に指定されている農地等については、買取りの申出をすることができることとなる日までの期間に応じて、一定の割合で減額ができます。

役所調査をすることで生産緑地に指定されているかどうか確認できますが、失念しているケースが数多くあります。

また、固定資産税がただ同然に安い場合には、生産緑地に指定されている可能性が高くなります。

慣れている税理士であれば、そういうところで判断をすることができますが、慣れていない税理士だとそういうところも見逃してしまうでしょう。

市街化調整区域内の雑種地の建築制限

市街化調整区域内にある雑種地の評価をする場合には、近傍地が農地、山林、原野等（以下「農地等」という）なのか否か確認します。

近傍地が農地等である場合には、農地等比準で評価します。

近傍地が農地等でなければ、宅地比準により評価をします。

ここで判断が難しい点は、宅地比準により評価をする際に、建物の建築ができるか否かにより評価の減額割合が異なる点です。

店舗等の建築が可能な幹線道路沿いや市街化区域との境界付近である場合には、減額の斟酌割合はゼロとして評価します。

この場合には建物の建築が可能であることから、地積が広大である場合には広大地評価の可能性についても検討できます。

市街化調整区域内雑種地の評価のフローチャート

評価地の所在地：

❶近傍地が農地、山林、原野等(以下「農地等」という)か → YES：農地等比準

※ 名寄帳、評価証明書等で固定資産税評価額を地積で除して単価を確認することで、宅地比準か農地等比準かの参考になる。
実際には現地調査・役所調査で正確に判断する。

↓ NO

❷宅地比準により評価を行う → YES：斟酌割合 0%（※広大地の可能性について検討）

店舗等の建築が可能な幹線道路沿いや市街化区域との境界付近か

※都市計画法第34条第11号の条例指定区域に該当し、一般住宅、共同住宅等の建築を目的とした開発行為も認められるかを確認する。

↓ NO

❸幹線道路沿いや市街化区域との境界付近にあって、市街化の影響度を受けるとともに、市街化調整区域による法的規制は受けるが、沿道サービス施設等一定の用途であれば建築が許可されるか → YES：斟酌割合 30%（※広大地は不可）

※例えば都市計画法第34条第1号の日用品店舗等、第9号の沿道サービス施設であれば開発又は建築が可能な土地。

↓ NO

❹市街化調整区域の土地として一般的な法規制を受ける → YES：斟酌割合 50%（※広大地は不可）

つまり開発行為や建築が許可されずに、駐車場や資材置場等の低利用に留まる

上記のフローチャートにより判定した結果
本件評価地は〇〇比準価額方式による評価を行い、斟酌割合は〇〇%とする。
また、宅地造成費として〇〇地の場合の造成費として「〇〇費」を控除する。
※ここで必要になる「宅地造成費の金額表」については、国税局ホームページの財産評価基準書内(http://www.rosenka.nta.go.jp/)の対象年分を参照。都道府県ごとにそれぞれ表記がなされている。

添付資料
・路線価図　・住宅地図　・公図　・測量図　・宅地造成費の金額表
・固定資産税評価証明書(近傍地の1㎡当たりの評価額記載)
・全部事項証明書　・写真撮影方向図

また、建築制限を受ける場合には、法規制を受ける程度によって減額の斟酌割合は30%又は50%となります。

参考までに私が評価をする際に添付する「市街化調整区域内雑種地の評価のフローチャート」を載せておきます（65ページ参照）。

自用地、貸宅地等の権利の区分ミス

自分自身で使っている土地（自宅やお店等）については自用地評価となりますが、人に貸している土地については貸宅地として借地権を控除して評価することができます。

また、建物を賃貸している場合には、土地の評価について貸家建付地として評価することができます。

さすがにこれらの権利の区分ミスは多くはないですが、中には失念してしまっているケースがあります。

万が一、権利の区分ミスで減額の失念をしているケースだと、大幅な還付が期待できます。

貸家建付地の一時的な空室

賃貸アパートや賃貸マンションの評価をするにあたって、賃貸割合というものを考慮することになります。

計算式としては、

自用地評価額×（１－借地権割合×借家権割合×賃貸割合）

となっています。

そのため、満室であれば賃貸割合は100%となり、空室があると賃貸割合が少なくなることから評価額が上がってしまいます。

満室の場合

＞

空室がある場合

ただし、空室がある場合でも、今まで継続的に賃貸されてきたもので、賃借人が亡くなった時において、一時的に空室だったと認められる部屋がある場合には、その部屋が賃貸されているものとして賃貸割合を計算することができます。

なお、一時的な空室の要件は、次の事実関係などから総合的に判断することになります。

①各独立部分が課税時期前に継続的に賃貸されてきたものかどうか
②賃借人の退去後速やかに新たな賃借人の募集が行われたかどうか
③空室の期間、他の用途に供されていないかどうか
④空室の期間が課税時期の前後の例えば１カ月程度であるなど、一時的な期間であったかどうか
⑤課税時期後の賃貸が一時的なものではないかどうか

右記の④では「例えば１カ月程度」と記載されていることから、かなり短い期間でないと一時的な空室とは認められないと判断する税理士も多くいます。

しかし、「１カ月」は絶対的な要件にはなっていません。

それ以外の要件を満たしているのであれば、総合的に判断して「一時的な空室」と

主張できます。

あくまでも「例えば1カ月程度」というのは例示です。

複数の税務署に問い合わせをしたこともありますが、概ね1年前後までは認めてもらえる傾向にあります。

共有名義の貸家建付地

土地と建物が共有であったり、土地と建物で共有割合が異なっていると評価もややこしくなってきます。

そのため評価を誤ってしまう税理士も多くいるため、ここでは2つのパターンで評価方法をご紹介します。

①土地と建物の所有割合が異なる場合

共有名義の貸家建付地については、例えば、土地の所有者が１００％被相続人で、建物の所有者が被相続人の持ち分２分の１、相続人である長女の持ち分２分の１である場合には、長女は土地の持ち分がないため、建物の持ち分である２分の１相当につき、使用貸借となり、土地の評価にあたって２分の１は貸家建付地評価、残りの２分の１は自用地評価となります。

したがって、貸家建付地の評価上、賃貸割合は50％で評価するのです。

②土地と建物の所有割合が同じである場合

土地と建物の所有割合が同じである場合には、民法上、次のように定められています。

民法第２４９条（共有物の使用）

各共有者は、共有物の全部について、その持分に応じた使用をすることができる。

民法上の解釈からも土地と建物の所有割合が同じである場合には、土地の持ち分に応じた建物を所有することは当然のことであり、共有者間での使用貸借にはあたらないと考えられます。

したがって、貸家建付地の評価上、賃貸割合は１００％で評価するのです。

税理士でも相続税に精通していないと、前記①と②のように評価の取扱いが異なるという点を理解していません。

実際にあった案件では、前記②の土地と建物の所有割合が同じであるため賃貸割合を１００％で評価できるところ、税務調査で賃貸割合を50％と指摘され、応じてしまっている申告書を見たことがあります。

そのため、その税務調査で指摘されて修正申告に応じた部分についても、見直しで覆し、還付に成功しました。

税理士だけでなく、税務署もよく理解できていない論点であったといえるでしょう。

使用貸借

使用貸借とは無償での貸借のことをいいます。

一般的には親子間などでの土地の貸借が多いと思います。

使用貸借は基本的には自用地として評価をすることになりますが、必ず自用地評価になるわけではありません。

使用貸借の土地で、建物が昭和46年以前に建築されている場合（使用貸借が昭和46年以前）には、貸宅地評価をすることができます。

しかし、使用貸借＝自用地評価にしてしまっている税理士が多くいます。

論点として多く出てくるものではないですが、失念しやすい論点です。

行止り私道の貸宅地及び貸家建付地評価

行止り私道の場合には、もっぱら特定の者のみが通行の用に供する私道として、自用地評価額の30％相当額で評価します。

ここまではほとんどの税理士が把握して計算していますが、周りの宅地が貸宅地である場合の貸宅地内にある私道の評価で、次のような失念が目立ちます。

貸宅地内にある私道の評価は、私道として30％の割合を乗じて評価した価額に、さらにその私道を貸宅地として評価するのですが、貸宅地としての評価を失念しているものが数多くあります。

この考え方は貸家建付地の場合も同様です。

私道の評価なので、そこまで金額のインパクトは大きくないですが、減額できるものは減額したいものです。

自社株

自社株とは、ほとんどのものは家族経営の会社など同族で株式を所有している株式となります。

上場株と違って株の売買が行われないため、取引相場のない株式として評価をすることとなります。

この取引相場のない株式の評価は、相続財産の中でもいちばん評価が難しく、相続に慣れていない税理士ではまともに評価することができません。

ただ、結果的に、日本では赤字の会社が多く、純資産がマイナスであればゼロ評価となるため、問題にならないケースが多いのですが、純資産がプラスで評価額が出る場合には要注意となります。

特に株価が億単位になるようなケースでは、大幅な減額ができることがあります。

債務の計上漏れ

被相続人が残した借入金などの債務は、相続税の計算上、控除することができます。ここで差し引くことができる債務は、被相続人が死亡した時にあった債務で、確実と認められるものです。

例えば、1月、2月など年の初めのほうで亡くなっている場合には、固定資産税や住民税などの税金は春に納付書が送られてくるため、債務控除が必ず発生するのですが、失念しているケースがよくあります。

また、賃貸アパートなどがある場合には、預り敷金があることがほとんどであり、預り敷金も債務控除できますが、失念しているケースがよくあります。

ほかにも医療費など、被相続人が亡くなった後に支払ったものは債務控除ができます。

相続開始日後に支払った債務がないか、きちんと確認することが大切です。

逆に債務控除ができない項目として、相続税申告の税理士報酬などがありますが、計上してはいけないのに計上していて、還付金額が減ってしまったケースなどもありました。

香典返しと会葬お礼

香典返しは葬式費用にはならないということは、ほとんどの税理士が把握しています。

しかし、会葬お礼については、会葬者に対して一律に配られるものであることから香典返しには該当しないものになります。

つまり会葬お礼は、通常、葬式、通夜の会葬者、参列者、弔問客等に対して、謝意を表する意味で一律に配られるものですが、いわゆる香典返しとは異なり、香典に対する答礼としても意味を持っていません。

したがって、葬式の前後に生じた出費で、通常葬式に伴うものとして、相続税の課税価額の計算上、「葬式費用」に含めて控除することができます（第4章還付失敗事例❸「やる気になってもらえなかった」150ページ参照）。

ところが、お返し＝香典返しと判断している税理士は多いと思われます。

なお、会葬お礼を葬式費用として控除するためには、別途香典返しが支出されているか確認します。

ここまできちんと確認している税理士はかなり稀なケースであり、しっかりしている可能性があります。

投資信託の評価

投資信託の評価では、基準価額から信託財産留保額及び解約手数料、源泉所得税を控除できるのですが、証券会社が発行した残高証明書に記載されている評価額（基準価額）をそのまま計上している税理士が多くいます。

証券会社や銀行は税理士ではありません。

税金に関しては素人ですから、証券会社や銀行が出した評価額をそのまま確認もせずに使うことは本来であれば考えられません。

金額が大きい場合には、信託財産留保額及び解約手数料も数百万円単位になることもありますので、税額への影響が大きくなることもあります。

国債の評価

国債の評価は、額面金額に既経過利息を加算し、中途換金調整額を控除して評価します。

しかし、額面金額のままで申告している税理士も見受けられます。

国債の評価の見直しのみで還付請求は現実的ではありませんが、税理士の力量を確認する項目としては確認しやすいと思います。

もし、国債の評価が額面金額のままである場合には、いい加減な税理士である可能性が高くなりますので、ほかにも減額要素が見つかる可能性は高いといえます。

参考までに、個人向け国債の具体的な相続税評価額の算式は次のとおりです。

（算式） 額面金額 ＋ 経過利子相当額 － 中途換金調整額

未支給年金

未支給年金は民法上の相続財産に該当せず、税法上でも受取人の一時所得として課税されます。

そのため、相続税の計算上、財産として計上する必要がないのですが、計上してしまっている税理士も多くいます。

なぜ相続財産にならないのかという話になりますと少し難しくなりますが、未支給年金を請求できる者の順位は国民年金法で規定されていて、民法上の相続順位とは異なっています。

未支給年金を請求できる権利は、国民年金法で規定する遺族が原始的に取得するものであるため、未支給年金は被相続人の本来の相続財産にはあたらないということになります。

そのため、何でもかんでも未収入金として計上してしまっている場合には、未支給年金のように計上しなくてもよいものまで相続財産に計上して相続税を納め過ぎてしまうケースがあるのです。

相続を専門にしている税理士でなければ、ほとんどの税理士は相続財産になるか否かの判断ができないでしょう。

還付の可能性の調査項目一覧（参考）

ここまで、税理士が間違えやすいポイントをいくつか紹介しましたが、次に参考として、不動産評価で調査すべき項目の一覧を箇条書きします。

①現地調査で確認すべき項目

○土地の形状（測量図がない場合に、公図と形状が一致しているか）

※例えば、隅切りの有無や間口距離、奥行距離など

○間口距離（接道義務を満たしているかなど）

○奥行距離

○地積（測量図がない場合に、縄伸び縄縮みの可能性の有無）

○道路幅員（セットバックの可能性）

○隣地に墓地がないか

○線路沿い等の騒音の有無

○悪臭がしないか

○大きな高低差がないか

○日当たりが悪くないか

○道路との間に水路がないか
○がけ地等斜面になってないか
○土地の上に高圧線が通ってないか（住宅地図でも、鉄塔と鉄塔の間にある場合には可能性が高いと判断可能）
○庭内神祠の有無
○駐車場について、駐車場用の施設を利用者の費用で造っているか
※賃借権の有無の確認
○農地・雑種地の評価等で造成費控除の可能性（整地費、伐採・抜根費等）
○生産緑地であるかの確認
○工場、クリーニング店など土壌汚染の可能性
○建物の古さ（固定資産税評価額からリフォーム費用等を控除できないか）
○行止り私道に路線価が付されている場合に、外せる可能性がないか

○その他、減額の可能性があるか判断に迷ったら、写真を念入りに撮影し、後日検討

②その他相続人へのヒアリング等の確認事項

○賃貸アパートの敷地内に駐車場がある場合に、利用者は誰か
※評価単位の確認、自用地か貸家建付地か
○賃貸アパートの空室がある場合の空室の期間
○賃貸アパート、駐車場の全ての賃貸借契約書を確認
※賃貸割合の判断、預り敷金の有無を確認
○使用貸借の土地で、建物が昭和46年以前に建築されていないか
※昭和46年以前の場合には、貸家建付地評価とする
○貸家の建物のみを生前に贈与している場合に、賃借人に変更がないか
※土地について使用貸借となるが、賃借人に変更がなければ貸家建付地評価となる

○貸宅地について土地賃貸借契約書・無償返還届出書の確認
○同族関係者間の賃貸借契約書の確認
○埋蔵文化財包蔵地などの可能性を確認
○産業廃棄物の可能性を確認
○その他、減額の可能性があるか確認
※相続税評価額に対して高いと感じられている場合には、理由などを確認
○土地の個別性が高い場合には、不動産鑑定評価を検討

第3章

還付成功事例

相続では、全く同じ事例というものがありません。各家庭の状況や所有している土地や財産の内容も異なりますし、依頼した税理士のレベルも様々です。

相続税還付でも、相続人同士仲の良い人もいれば、相続でもめてしまい調停となっている人もいますし、相続財産も大半が不動産という人がいれば、逆に大半が金融資産という人もいます。また、税理士との信頼関係が厚い人もいれば、逆に税理士に不信感を持っている人もいます。

依頼者についても、相続税還付に成功したら海外旅行に行きたいという人やロレックスの時計を買いたいという人、飲み代になればいいという人など様々です。

以上のように多種多様なケースが考えられますが、これまでにどのような人たちがどのくらい相続税の還付を受けているのか、気になる方も多いと思いますので、今まで担当した相続税還付の事例について取り上げてみたいと思います。

成功事例❶ 広大地でここまで減額！

納税額が少なくても還付できる！

当初申告時の相続税	2,500,000 円
見直し後の相続税	700,000 円
還付金額	**1,800,000 円**

被相続人	母親
相続人	長女、長男、二男

この事例は、知人からの紹介で、お会いもしたことのない状態で私の事務所の住所に、相続税の申告書を郵送で送ってきました。

還付がされるかどうかは、完全に成功報酬であるため、損もしないということで申告書をお預かりしました。

内容を拝見したところ、相続人は長女、長男、二男の３人で当初申告での納税額は相続人全員合わせて約２５０万円でした。

ほとんどの財産を長男が引き継いでいたため、

ご依頼は長男からいただいています。

減額の可能性がないか不動産の資料を拝見していたところ、自宅の面積が約850㎡と広大であったため、広大地の可能性について検討しました。

広大地の要件は財産評価基本通達で定められていますが、判断が非常に難しく納税者と課税当局が裁判等で争うケースが多々あるほどです。

しかし、広大地と認められれば大幅な評価減となります。

とりあえずは最低限の要件を満たしていないか確認をしてみました。

まずは路線価図で「大規模工場用地」に該当しないこと、次に「マンション適地」か否かを確認します。原則として、容積率が300％以上の地域に所在する土地は「マンション適地」に該当しますが、容積率は200％の地域であるため微妙なところです。しかし、駅からも離れているため「マンション適地」ではないと判断しました。

また、その地域における標準的な宅地の面積に比して著しく面積が広大かを検討しました。

三大都市圏であれば５００㎡が１つの目安となる点と、周りの状況から、評価地の８５０㎡は著しく広大といえます。

そして、開発行為を行うとした場合、公共公益的施設用地の負担が必要と認められるか？ 分かりやすくいうと、開発をする際に道路を入れるなどして潰れ地が生じるか否かということですが、非常に判断が難しいため住宅地図で周りの状況などを調べます。

評価地の奥行距離などから判断しても潰れ地が出ると思われます。

私の判断では広大地の要件は満たしていると思いましたが、念のために不動産のプロである不動産鑑定士の意見も聞き、広大地に該当すると結論付けました。

ほかにも市街化調整区域に雑種地を所有しており、内容を見ると不整形地補正の失念、造成費控除の失念があったため、その評価減も適用してあらためて相続税を計算したところ、約70万円にまで減額することができました。

まだお会いしたことのない相続人の長男の方に初めて電話をする際に、「初めまして。○○さんのご紹介で申告書をお預かりしていた税理士の佐藤です。内容を確認させていただいたところ、約180万円ほど戻りそうなのでご報告にお伺いしてもよろしいでしょうか？」という、よい話からスタートをすることができました。

後日訪問して内容の説明と更正の請求書、税務代理権限証書などの書類に押印をもらい、税務署に提出をしました。

そして約3カ月後に税務署から「相続税の更正通知書」が送られてきて、更正の請求の内容が全て認められ、無事に還付を受けることができたのです。

◉まとめ

減額に成功した主な要因	詳細
広大地	その地域における標準的な宅地の地積に比して著しく地積が広大な宅地で一定の要件を満たすものは、大幅な評価減ができるのにしていなかった。
不整形地補正（評価区分）	形が正方形、長方形のように整形ではないもので、評価減できるのにしていなかった。
造成費控除	農地を宅地に転用する場合において通常必要と認められる整地、土盛り等の費用として一定額控除できるのに控除していなかった。

成功事例❷ 電車の騒音がうるさい

電車の騒音で還付	
当初申告時の相続税	80,000,000 円
見直し後の相続税	79,700,000 円
還付金額	**300,000 円**

被相続人	父親
相続人	長女

この事例は、以前に相続税還付で依頼のあった方の奥様の相続税についても見直しをしてほしいとのことで依頼されたケースです。

既に税務調査も終わっていて、納税額としては約8000万円でした。

しかし、見直しをしてみると減額要素がほとんどなく、見つけることができたのは土地の評価1カ所のみでした。

減額要素としては、評価地が線路沿いにあったため、騒音による評価減を検討してみました。

最寄駅がJR中央線の西荻窪駅だったのですが、時刻表で調べたところ、平日は934本の電車が停車しています。

各駅、快速、上り、下り全てあわせた本数ですが、非常に多いといえます。

始発は4時33分、終電は1時16分なので、1日のうち約21時間は電車が走っています。

単純に計算すると1時間に平均44本です。

特に通勤ラッシュである朝8時から9時までの1時間では、92本の電車が停車します。約39秒に1本のペースなので非常に多く、線路沿いに住んでいる人はあまりにうるさくて落ち着いて過ごすことができないと感じるのではないでしょうか?

ちなみにどのくらいうるさいのか調べたところ、少し離れたところですが、JR中央線の中野駅あたりで86デシベルでした。

80デシベルがだいたいバス車内くらいの騒音なので、バス車内よりうるさいという感じです。

線路沿いに土地を所有している場合には、このように騒音の問題がありますので、評価を下げられる可能性が出てきます。

ただし、線路沿いだからといって、必ずしも減額が認められるわけではありません。路線価に騒音による利用価値の著しい低下が織り込まれている場合もあります。

この場合には、既に路線価に織り込み済みですので、さらに減額することは認められません。

今回のケースでは、線路沿いから垂直に道路があり、路線価は線路沿いから離れたところまで一律となっていました。

そのため、路線価に騒音による評価減が織り込まれていないことが明らかであり、減額することに成功しました。

騒音により利用価値の著しく低下している宅地として評価を減額できるか否かのポ

イントをまとめると次のとおりです。
○騒音の程度（何デシベルか？）
○時間的発生頻度（どのくらいの頻度で電車が通るか？）
○路線価に織り込み済みではないか？（路線価図で周辺との比較）
以上のように、線路沿いの土地を評価する際には注意が必要になってきます。

さらに余談ですが、今回の評価地は賃貸物件であるため貸家建付地評価となります。税務調査の際に賃貸割合を１００％から50％にするように指摘され、前の税理士はその税務署の指摘に応じて修正申告していました。

内容としては土地と建物が共有となっていて、いずれも被相続人の持ち分が２分の１、相続人である長女の持ち分が２分の１となっています。

例えば、土地の持ち分が１００％被相続人であれば、長女が所有する建物の持ち分２分の１部分については使用貸借となるため、賃貸割合を50％にする必要がありますが、今回のケースでは土地も建物も共有の割合が同じとなっています。

そのため、民法の解釈からも使用貸借との主張で賃貸割合を50％にする理由がなく、賃貸割合100％で評価することになります。

今回の更正の請求では、税務調査での指摘事項も覆すことに成功しました。

還付された金額は約30万円で金額としては少なかったですが、論点としてはやりがいのあるものでしたので紹介させていただきました。

◉まとめ

減額に成功した主な要因	詳細
騒音の評価減	線路沿いで騒音がうるさいのに騒音による評価減が路線価に反映されていなかった。
貸家建付地の賃貸割合	土地と建物が共有所有の場合で、土地と建物の共有割合が同一であれば使用貸借にならないのに、使用貸借扱いで賃貸割合が計算されていた。

成功事例❸ 塵も積もれば……

小さな積み重ねで還付に成功!!

当初申告時の相続税	200,000,000円
見直し後の相続税	195,000,000円
還付金額	**5,000,000円**

被相続人	夫(父親)
相続人	妻、長女、長男、二女

地主の方で、遺産規模としては10億円を超える方からの依頼事例です。

内容を拝見したところ、相続人は妻、長女、長男、二女の4人で当初申告での納税額は約2億円でした。

納税額が大きいため、大幅な還付の可能性があるだろうと思いながら申告書の見直しをしたのですが、減額要素が見当たりません。

当初申告をした税理士のレベルが高く、現地調査や役所調査もしっかりとしていました。

これは還付するのが難しいとさじを投げたい気持ちになりましたが、よく見てみると若干の減額要素を見つけることができました。

最初に見つけた減額要素は、農地の評価についての造成費控除の失念です。

とはいえ、整地費用として1㎡当たり400円の減額ができるというものですので、これだけでは大した減額になりません。

さらに役所調査の結果、生産緑地に該当していたので、もう少し減額することができました。

あとは、明らかな不整形地については不整形地補正の減額をしていたのですが、微妙な不整形については不整形地補正をしていなかったので、そこでもわずかな減額をすることができました。

このようにわずかな減額要素ばかりでしたが、不動産の数が多かったので積み重ねの結果で最終的には約500万円の還付に成功しました。

一見すると還付の可能性がなさそうに見えても、減額要素の積み重ねをすることで還付に至ることがあった事例となります。

◉まとめ

減額に成功した主な要因	詳細
不整形地補正（評価区分）	形が正方形、長方形のように整形ではないもので、評価減できるのにしていなかった。
造成費控除（9 カ所）	農地を宅地に転用する場合において通常必要と認められる整地、土盛り等の費用として一定額控除できるのに控除していなかった。
生産緑地の失念	生産緑地は原則、農地等以外への利用ができないため評価減できるのにしていなかった。

成功事例❹ 相続人が最後まで「信じられない」を連呼！

当初の税理士との信頼関係があっても還付に成功！

当初申告時の相続税	15,000,000 円
見直し後の相続税	9,000,000 円
還付金額	**6,000,000 円**

被相続人	妻（母親）
相続人	夫、長男、長女

この事例の方は、どんな税理士に任せても変わらないという考えをされていました。

見直しを頼んだところで還付されるわけがないと思っていたようで、ただ完全成功報酬だから期待はしてないけど、という感じでのご依頼でした。

申告書の内容を拝見したところ、相続人は夫、長男、長女の3人で当初申告での納税額は約1500万円でした。

納税額はそれほど大きくはないですが、取

り戻せるだけ取り戻そうという気持ちで見直しをしました。

すると、当初申告をした税理士がかなりいい加減な評価をしており、いちばんひどい内容としては、賃貸アパートの建物の評価で借家権控除をしていませんでした。

建物の評価は、所有者自身が使っている場合には固定資産税評価額がそのまま相続税評価額となりますが、他の人に貸している場合には借家権として30％控除できます。相続税に慣れていなくても、本を少し読めば分かる内容ですし、借家権控除の失念は相当ひどいレベルであるといえます。

ほかにも土地の評価単位の誤りとそれに伴う不整形地補正の減額、畑については生産緑地に該当するのに減額の失念、広大地評価の失念などがありました。

大きなミスが多数あったこともあり、最終的には600万円の還付ができそうとのことで相続人に報告をしました。

還付される要因となる不動産の評価の説明をしたのですが、相続人は「信じられない」と言います。

「同じ税理士なのになんで……」

不動産の評価の内容については理解してもらえたようですが、やはり「税理士」にお願いしていたのにここまで差が出るとはとても信じられないようです。

何度も「信じられない」と言っては首を横に振っていたのが、とても印象に残っています。

信頼していた税理士が間違いを起こすということは、とてもショックで信じられないことかもしれませんが、実際に間違っているケースはたくさんあります。

税理士との間に信頼関係があることはとてもよいことですが、セカンドオピニオンとして見直しを依頼することも大事であるといえます。

◉まとめ

減額に成功した主な要因	詳細
不整形地補正（評価区分）	形が正方形、長方形のように整形ではないもので、評価減できるのにしていなかった。
評価単位の誤り	土地の評価は利用単位ごとに分けるのに、分かれていなかった。
生産緑地の失念	生産緑地は原則、農地等以外への利用ができないため評価減できるのにしていなかった。
広大地	その地域における標準的な宅地の地積に比して著しく地積が広大な宅地で一定の要件を満たすものは、大幅な評価減ができるのにしていなかった。
借家権控除	貸家については、借家権として30％控除できるのに控除していなかった。
未払税金の計上漏れ	相続開始時に未払いの税金は債務控除できるのにしていなかった。

成功事例❺　自社株評価と借家権控除の失念で減額！

不動産で下がらなくても諦めない！

当初申告時の相続税	27,000,000 円
見直し後の相続税	17,000,000 円
還付金額	**10,000,000 円**

被相続人	夫（父親）
相続人	妻、長男、長女

知人からの紹介で申告書をお預かりした方のケースです。

申告書を拝見したところ、相続人は妻、長男、長女の３人で当初申告での納税額は２７００万円でした。

ざっと見た感じでは土地は整形地しかなく、ほぼ減額はできないのではないか……と思ってしまいましたが、自社株があったため、今回は自社株評価をメインで下げることになるだろうと思いながらの見直しとなりました。

自社株については約４０００万円で評価されていましたが、純資産価額評価がかなりいい加減だったので、減額要素を洗い出していきます。

自社株の評価では、まず会社の規模で評価の仕方が異なります。

簡単に説明すると、小会社に区分された場合、純資産価額方式という評価になり、会社の財産について全て相続税評価額を計算しなければなりません。

逆に大会社に区分されると類似業種比準価額方式という評価になり、同じような業種の株価を参考にして、配当金、利益、純資産の３つの要素を考慮しながら評価します。ケースバイケースではありますが、類似業種比準価額方式は純資産価額方式よりも低い評価額となりやすいです。

今回のケースでは中会社と区分されました。

中会社は小会社と大会社の中間であるため、純資産価額方式と類似業種比準価額方式を併用して評価します。

当初申告では純資産価額が1株100万円、類似業種比準価額が1株6万円となっており、相続税評価額（併用方式）では1株44万円となっていました。

類似業種比準価額方式は見直すべき点は特にありませんでしたが、純資産価額方式のほうは会社の財産について相続税評価額を計算しないで、帳簿価額をそのまま使って計算されていました。

そのため、純資産価額の引き下げのために減額要素を洗い出したところ、次のような減額要素がありました。

○前払費用……換金価値がないため、ゼロ評価にできました。

○減価償却資産……減価償却資産は毎期減価償却を計上して帳簿価額も下がっていきますが、相続税評価額を求める際に利用する残価率では、さらに評価が下がりました。

○建設仮勘定……建築中の家屋は70％で評価できるので、評価が下がりました。

○電話加入権……相続税評価額は1本につき2000円（平成23年）で評価できるの

で評価が下がりました。

自社株については、以上のような減額要素で下げることができ、ほかにも相続発生時に未払いの固定資産税があったため、債務控除をすることができました。

減額要素は以上で終わりかと思ってよく申告書を見てみると、ほかに建物の評価で借家権控除の失念がありました。

単純に30％控除するだけなので、すぐに計算すると借家権控除の失念だけで１８００万円の評価減となり、税額もこの借家権控除の失念だけで４５０万円の還付になります。

最終的な還付金額としては約１０００万円となりました。

相続税の還付は基本的には土地の評価で下げるのですが、土地以外だけでもここまで減額できることがあるのです。

◉まとめ

減額に成功した主な要因	詳細
自社株評価	中会社であり純資産価額と類似業種比準価額の併用方式だったが、純資産価額がほとんど簿価で評価されており、相続税評価をすることでかなりの減額ができるのに相続税評価をしていなかった。
借家権控除	貸家については、借家権として 30 %控除できるのに控除していなかった。

成功事例❻ 不動産2カ所でここまで減額！

相続人の反対があっても
還付に成功！

当初申告時の相続税	100,000,000円
見直し後の相続税	70,000,000円
還付金額	**30,000,000円**

被相続人	父親
相続人	長女、二女、長男

末っ子の長男から依頼されました。

相続人は長女、二女、長男の３人で当初申告の納税額は１億円でした。

依頼された時点では、長女、次女の２人から「余計なことはしなくていい」と反対されていたようです。

しかし、長男としてはもし還付される可能性があるのであれば見直しをしてほしいという要望がありました。

ほかの相続人から反対があっても、１人で

の還付請求も可能であると説明して、見直しをすることになりました。

詳しくは第6章「相続税還付でよくある質問」のQ11（183ページ参照）で説明しますが、相続税の還付は相続人全員でする必要はありません。

実際に申告書を拝見したところ、不動産は2カ所だけでした。

基本的には不動産の評価で下げるため難しいかもしれないと思ったのですが、詳しく見てみるとかなりいい加減な評価をしていました。

最初の1カ所目は、自宅、賃貸アパート、駐車場を一体評価としていました。

土地の評価単位は利用単位で分けるのが原則ですが、一体評価をしていることで過大な評価となっていました。

きちんと評価単位を分けると、不整形地補正などでかなりの減額ができました。

ほかにも高圧線が通っているため建築制限がかかっており、減額ができましたし、役所を調べたところ容積率の境にあったので、それも減額要素となりました。

そしてもう1カ所は広大地評価の失念があったため、大幅な評価減に成功しました。評価の見直しとしては不動産2カ所だけでしたが、還付金額としては約３０００万円。

このことを長男に報告して他の相続人であるお姉さま方にも伝えてもらったところ、最初は反対をしていたお姉さま方も一緒に還付請求をしたいとのことで、最終的には相続人全員で還付請求をしました。

また、この事例では税務署側の処理が遅かった（更正の請求から3カ月を過ぎた）こともあり、還付加算金（還付金額についての利息分）も一緒に振り込まれました。

◉まとめ

減額に成功した主な要因	詳細
不整形地補正(評価区分)	形が正方形、長方形のように整形ではないもので、評価減できるのにしていなかった。
評価単位の誤り	土地の評価は利用単位ごとに分けるのに、分かれていなかった。
高圧線下の評価減	高圧線下の土地は建築制限を受けるため評価減できるのにしていなかった。
容積率	容積率の異なる2以上の地域の場合には評価減できるのに評価減していなかった。
広大地	その地域における標準的な宅地の地積に比して、著しく地積が広大な宅地で一定の要件を満たすものは、大幅な評価減ができるのにしていなかった。

成功事例❼ 不動産1カ所でここまで減額！

不動産１カ所でこのインパクト！

当初申告時の相続税	7,000,000円
見直し後の相続税	4,000,000円
還付金額	**3,000,000円**

被相続人	夫（父親）
相続人	妻、長男、二男

成功事例❻「不動産２カ所でここまで減額！」（１１１ページ参照）と同じようなタイトルですが、今回の事例は不動産１カ所となります。

こちらのケースは知人からの紹介で見直しをすることになりました。

当初申告では約７００万円を納めていました。

減額要素は土地１カ所のみでした。

見た目は長方形なのですが、道路から垂直ではなく斜めになっています。

そのため、不整形地補正が可能であると思ったのですが、ほかにも評価単位を分けられるのではないかという減額要素を見つけました。

利用状況としては、二男の方の自宅（使用貸借）なのですが、家が建っているのは道路から見て奥のほうで、手前側は駐車場になっていました。

筆は1筆になっているのですが、地目は二男の自宅は宅地、駐車場は雑種地となりますので、地目別に評価をする評価方法に基づき評価単位を分けることにしました。

測量図はあったのですが、自宅と駐車場部分に分けての測量はしていなかったので、現地調査で簡易測量を行い、それに基づいて評価を行いました。

評価を分けることで二男の自宅は旗竿地となりました。不整形地補正も大幅に取れたほか、差引計算の対象となりましたので、大きく減額することができ、約３００万円の還付に成功しました。

相続人にもとても喜んでいただけました。

◉まとめ

減額に成功した主な要因	詳細
不整形地補正（評価区分）	形が正方形、長方形のように整形ではないもので、評価減できるのにしていなかった。
差引計算の失念	旗竿地については差引計算ができるのに差引計算を失念していた。
評価単位の誤り	土地の評価は利用単位ごとに分けるのに、分かれていなかった。

成功事例❽　金融機関お抱えの税理士からも還付に成功！

金融機関お抱えの税理士でも
関係ない！

当初申告時の相続税	20,000,000 円
見直し後の相続税	19,650,000 円
還付金額	**350,000 円**

被相続人	夫（父親）
相続人	長男、長女、二男、二女

こちらのケースは知り合いの不動産会社の方からの紹介で申告書をお預かりしました。

当初申告をした税理士法人の名前を見ると、見たことがあるような……。

不動産会社の方の話によると、相続人はある金融機関からその税理士法人を紹介されたとのことです。

税理士法人の名前をインターネットで検索してみると、かなり活発にセミナーをしていたり、本もたくさん出版されているようでした。

どおりで見たことがある名前だと思いながら、申告書を拝見しました。

相続人は長男、長女、二男、二女の４人で当初申告の納税額は２０００万円でした。

さすがに今まで見直しをした他の税理士と比べてもかなり高いクオリティで、減額要素はかなり少ないという感じです。

それでもたまたま１カ所だけ減額要素を見つけたので、詳細に内容を調べてみることにしました。

もうさすがにないかなぁ……と半分あきらめながらも見直しをしていくと、もう１カ所だけ減額要素を見つけることができました。

最終的には２カ所の減額要素だけでしたが、還付金額としては１６０万円となりました。

私道の評価で、行止り私道の場合には通常の評価の30％で評価することになるのですが、今回のケースでは私道の周りの土地を一切所有していなかったため、評価の対象とならない行止り私道として、ゼロ評価できる可能性があります。

この評価方法は財産評価基本通達にも載っていない実務上の評価となるので、本当に相続を専門でやっている税理士でないと、ここまで気付くのは難しいのでしょう。

次に見つけた評価減要素は、差引計算と呼ばれるものです。

これは旗竿地について認められている評価減で、今回のケースは無道路評価だったのですが、無道路評価としての評価減のみしていて旗竿地としての評価減を失念していました。

組み合わせでの評価減ができることまでは気付いていなかったようです。

一応、この2つの評価減要素で計算上は160万円の還付となるのですが、長男と他の3人が相続で争っていたこともあり、還付請求は長男以外の3人ですることになって、実際には100万円の還付請求となりました。

しかし、時効（正確には除斥期間といいますが、分かりやすく時効といいます）となるギリギリで還付請求をしており、税務署からは差引計算は認めるけれど私道のゼロ評価は認めないと反論されます。

私道についてはこちらも反論をしたかったのですが、時効ギリギリであったため、還付金額がゼロになるくらいであれば、一部でも還付されたほうがよいと判断し、差引計算のみで還付をしてもらい、最終的に還付された金額は約35万円でした。

期限ギリギリで反論できなかったのが悔やまれる案件となりました。

◉まとめ

減額に成功した主な要因	詳細
差引計算の失念	無道路地についての評価減はしていたが、さらに旗竿地を差引計算できるところ、差引計算を失念していた。
私道の評価（否認された）	行止りの私道は通常30％評価である。本件は評価対象とならない行止り私道としてゼロ評価ができるのに30％で評価していた。

成功事例❾ 生前贈与加算しちゃダメでしょ!

申告書を見て5秒で減額要素を発見!

当初申告時の相続税	200,000,000円
見直し後の相続税	184,000,000円
還付金額	**16,000,000円**

被相続人	母
相続人等	長男、二男、養子、孫

今回のケースは、今まで見直しをした中でも最速で減額要素を見つけた事例となります。

私が相続税の申告書を拝見する際は次の手順で行います。

①第1表で納税額、相続人の人数と配偶者の有無を確認

②第11表で所有財産の確認及び減額の可能性があるものの確認

③第13表で債務の計上漏れの可能性の確認

④添付資料(特に土地)の確認

概ねこのような流れで申告書を見るため、通常であれば早くても②第11表の所有財産の確認で減額要素を見つけることになります。

しかし、この事例では①第1表で相続人は何人かと思いながら見ている段階で減額要素を見つけました。

その減額要素とはタイトルのとおり、生前贈与加算の対象とならない人に生前贈与加算をしているというものでした。

生前贈与加算の対象となる人は「相続又は遺贈により財産を取得している」ことが前提となります。

そのため、財産を全く相続しない孫などの場合には、生前贈与加算の対象にはならないのですが、生前贈与加算の計算がされていました。

ストップウオッチで正確に時間を計ったわけではないですが、おそらく申告書を見てから約5秒で減額要素の発見に至ったと思います。

とりあえず、生前贈与加算を外したらいくらの減額になるのか計算してみると、２００万円近く減額となりました。

いきなり減額要素が見つかったため、ほかにもいろいろと減額要素がないのか詳細に見直しをしてみると、土地の評価と自社株の評価で減額要素が見つかりました。

主な減額要素としては、不整形地補正の失念、旗竿地について差引計算の失念などがありましたが、大きいものとしては貸宅地を自用地として評価してしまっていたのと無道路地があったのも大きかったといえます。

今回のケースでは、無道路地の土地は道路のような通路に接していたので、見た目では無道路地と分からないものでした。

しかし、役所調査をしたところ、建築基準法上の道路には該当せず、無道路地となりました。

また、自社株の評価では純資産価額方式だったのですが、借家権を計上する必要がないのに計上していたため、評価が過大となっていました。

以上のような減額要素も発見できたため、当初申告での納税額は約2億円でしたが、約1600万円の還付に成功しました。

◉まとめ

減額に成功した主な要因	詳細
生前贈与加算	生前贈与加算は相続又は遺贈により財産を取得している場合に限定されているのに、必要ない人に生前贈与加算をしていた。
不整形地補正（評価区分）	形が正方形、長方形のように整形ではないもので、評価減できるのにしていなかった。
差引計算の失念	旗竿地については差引計算ができるのに差引計算を失念していた。
自用地、貸宅地の区分ミス	貸宅地は借地権割合を控除できるのに、していなかった。
間口案分の失念	側方路線影響加算について、接する間口距離が想定整形地の間口距離よりも短い場合には案分計算をすることで評価減ができるのに間口案分を失念していた。
預り敷金の計上漏れ	預り敷金は債務控除できるのにしていなかった。
自社株評価	純資産価額方式では借家権を計上する必要がないのに計上していた。

成功事例⑩　国債や投資信託の評価まで見直し

細かい財産まで見直しして還付！

当初申告時の相続税	6,000,000 円
見直し後の相続税	5,500,000 円
還付金額	**500,000 円**

被相続人	祖母
相続人	孫４人

一般的な見直しでは不動産の評価で大きく下げるのですが、ほかにも国債や投資信託の評価でも減額できるケースがありますので、その事例を紹介します。

この事例では土地は1カ所のみでした。

当初申告では土地について評価単位を2つに分けていましたが、実際には1つでよいものでした。

おそらく当初申告をした税理士は筆が2筆だったので、筆単位にしてしまったのですが、利用状況は自用地で一体となります。

長方形の土地で奥行距離が異なるものが2筆でしたので、筆単位ですと綺麗な長方形で不整形地補正ができませんが、評価単位を1つにすることで、凸凹になりますので区分した整形地を基として評価し、かつ、不整形地補正をして減額しました。

しかし、土地1カ所の見直しだけでは減額のインパクト（還付金額）も少なかったため、ほかに何かないか詳しく見直しをして、国債と投資信託の評価も詳細に評価をし直しました。

まず国債ですが、当初申告では額面金額そのままでの評価となっていましたので、既経過利息の加算と中途換金調整額の減額をして評価を減額しました。

また、投資信託については基準価額で評価されていましたが、実際の評価では信託財産留保額や解約手数料などを控除して評価をします。

これらの細かい減額要素も加味して還付請求をしたところ、当初申告での納税額は

600万円でしたが、そのうち約50万円の還付に成功しました。

実は還付請求をしている途中、税務署から連絡があり、他の論点で逆に追徴課税を狙われたのですが、うまく反論できたので無事に還付された案件となりました。

また、今回の事例とは別のケースですが、投資信託の評価だけで約300万円の減額をして、それだけで100万円以上の相続税が還付されるというケースもあります。

不動産を相続していない場合でも、相続税が還付される可能性があるということです。

◉まとめ

減額に成功した主な要因	詳細
評価単位の誤り	土地の評価は利用単位ごとに分けるのに、分かれていなかった。
不整形地補正（評価区分）	形が正方形、長方形のように整形ではないもので、評価減できるのにしていなかった。
区分した整形地を基として評価	凸凹の場合には区分した整形地を基として評価できるのにしていなかった。
国債の評価	国債の評価では既経過利息を加算し、中途換金調整額を減額するのに額面金額で評価していた。
投資信託の評価	基準価額から信託財産留保額、解約手数料、源泉所得税を控除できるのに基準価額で評価していた。

成功事例⑪ 市街化調整区域の建築制限（相続財産再鑑定士からの紹介）

こちらの事例は能美様のケースです。

相続財産再鑑定士（詳しくは第10章参照）である伊賀崇様からのご紹介で、相続人である能美年晴様を紹介していただきました。

紹介された時点で、更正の嘆願で還付を受けられる期限が、残り半年ほどというタイミングでしたので、大至急見直しをすることになりました。

今回の見直しのポイントとなったのは、市街化調整区域の雑種地です。

相続財産再鑑定士の方の事例

当初申告時の相続税	17,000,000円
見直し後の相続税	15,000,000円
還付金額	**2,000,000円**

被相続人	母
相続人	長女、二女、長男、三女

当初申告をした税理士も不動産評価には詳しくなさそうで、当初申告では登記地目が宅地となっている部分について斟酌割合（建築制限の減額）ゼロ、登記地目が田、畑の部分について斟酌割合50％として評価をしています。

しかし、現況は雑種地となっており、筆は分かれているものの地目は同一で、かつ、明らかに一体となっています。

斟酌割合を別にする理由は見当たらず、店舗等の建築が可能な幹線道路沿いや市街化区域との境界付近でもないため、市街化調整区域の土地として一般的な法規制を受けています。

以上の点から一体評価をして、斟酌割合50％として評価の見直しをしました。

また、旗竿地であったため差引計算の減額と宅地造成費として１㎡当たり４００円の整地費を控除しました。

期限が短いこともあり、税務署にも進捗状況を確認する電話を何度かしましたが、請求している内容を全て認めるとのことでスムーズに通りました。

当初の納税額は約1700万円でしたが、そのうち約200万円の還付に成功しました。

相続人である能美年晴様は後日、相続財産再鑑定士の資格を取得して、ご自身の体験談をもとに相続税還付を世の中に広げる活動にも協力していただいています。

◉まとめ

減額に成功した主な要因	詳細
市街化調整区域の建築制限	市街化調整区域は建築制限を受けており、その点斟酌できるところ、一部斟酌されていなかった。
差引計算の失念	旗竿地については差引計算ができるのに差引計算を失念していた。
造成費控除	農地を宅地に転用する場合において、通常必要と認められる整地、土盛り等の費用として一定額控除できるのにしていなかった。

成功事例⑫　相続税が90％も戻ってきた！

減額要素が多数で、大きな金額に！

当初申告時の相続税	40,000,000円
見直し後の相続税	4,000,000円
還付金額	**36,000,000円**

被相続人	夫（父親）
相続人	妻、長男、二男

私が今まで見直しをした中では最もひどい内容の申告書でした。

相続人は妻、長男、二男の３人で、当初申告での納税額は４０００万円でした。

まずはざっと申告書を拝見したところ、賃貸アパートの建物について借家権控除をしていなかったのと、土地の評価についても貸家建付地として評価すべきところが自用地評価となっていました。

さらに詳細に見直しをしていくと、評価単

位の誤り、画地補正の失念、不整形地補正の失念、セットバックの失念、都市計画道路予定地の失念、公衆用道路についてゼロ評価できるのにアパートの敷地と一体評価、他人所有の建物をなぜか計上、路線価の誤り、債務の計上漏れがたくさん……。

挙げていくときりがないくらいの減額要素のオンパレードでした。

他人所有の建物を計上してしまうなんて、何を考えているのでしょうか？

路線価の誤りに至っては、路線価図を見るだけなので素人でも間違えません。

もちろん、人間ですから誰でも間違えることはあるとは思いますが、申告する前にチェックなどをしていないのでしょうか？

私も計算の過程では間違えていることはありますが、それでも申告する前にチェックをして間違いには気付きます。

素人が本を読んで勉強して申告しても、ここまでひどい内容にならないのではないだろうかと考えてしまいます。

初見で半分以上の還付ができるのではないだろうかと思って、かなり気合いを入れて見直しをしましたが、計算をしてみると税額が400万円となりました。

あまりの減額に最初は私の計算がどこか間違っているでは？　と疑心暗鬼になって何度も検算してしまったほどです。

90％の還付ということで、とてもインパクトの大きい事例となりましたが、私自身としてもかなりインパクトのある案件でした。

もちろん、実際に相続税を納めていた相続人本人はそれ以上だと思いますが。

さすがにここまでひどいケースは稀ですが、事実あった話です。

それでも、もう二度とここまでひどい申告書と出会わないとは言い切れません。

税理士以外の業界でもこういうことがあるのではないかと考えてしまい、私自身が誰かに何かを依頼するときは、きちんと見極めなければならないと考えさせられる案件となりました。

◉まとめ

減額に成功した主な要因	詳細
不整形地補正	形が正方形、長方形のように整形ではないもので、評価減できるのにしていなかった。
セットバック	道路の幅員が 4m 未満の場合には、道路の中心から 2m 後退しなければならないため、評価減できるのにしていなかった。
都市計画道路予定地	都市計画道路予定地は建築制限を受けるため、評価減できるのにしていなかった。
自用地、貸宅地の区分ミス	貸宅地は借地権割合を控除できるのに、していなかった。
路線価の誤り	路線価を誤っていた。
借家権控除	貸家については、借家権として 30 %控除できるのにしていなかった。
未払税金の計上漏れ	相続開始時に未払いの税金は債務控除できるのにしていなかった。
預り敷金の計上漏れ	預り敷金は債務控除できるのにしていなかった。

第4章

還付失敗事例

第3章では成功事例について触れましたが、ここでは残念ながら還付に失敗してしまった事例を取り上げてみます。今まで私が担当した相続税還付の失敗事例を紹介することで、これから相続税還付の依頼をするか否か悩んでいる人たちの判断材料になれば幸いです。

どのような場合に還付に失敗してしまうのかという点については、非常に気になるのではないでしょうか。

中には相続税還付に不慣れな税理士が還付請求をして、逆に税務署から増額要素の指摘を受け追徴課税を取られてしまったという噂を聞いたことがあります。

追徴課税を取られてしまう場合とはどのような場合なのか、相続税還付の依頼をすることにデメリットがあるのかという点は、特に意識して読んでもらえればと思います。

おそらく不安は払拭されると思います。

失敗事例❶　税務調査の誘発リスク

知人の紹介の紹介のさらに紹介でつながった地方の方のケースです。

関係性もかなり離れていますが、物理的な距離も遠方であるため、まずは相続税申告書一式を郵送で送ってもらいました。

当初申告で1億円を超える納税をされており、不動産の数も多いことから可能性はありそうだと思いながら着手しました。

しかし、実際に見直しをしてみると減額要素が少なく、わずかな不整形地補正や間口案分の失念など細かい減額要素しか見つかりません。

不動産での評価減が少ししか見込めないため、他の財産についても検討しました。

そこで見つけた減額要素は投資信託の評価でした。

当初申告では基準価額で評価していましたが、実際の評価では信託財産留保額及び解約手数料、源泉所得税を控除して評価をします。

今回の投資信託では4％の解約手数料がかかる商品でしたので、それだけで数百万円の減額ができ、税額にして約100万円の減額となりました。

土地の減額要素と合わせると、約170万円の還付の可能性が出てきました。

減額要素があった点についてはよいのですが、逆にリスクとして、まだ税務調査が入ってなかったので、還付請求をすることによって税務調査を誘発して、かつ、逆に増額になることも考えられました。

そこで、税務調査で一般的に指摘されやすい項目について説明させてもらいました。

手許現金の額について直前に通帳から引き出している金額がある場合には、もっと手許現金があったのではないかと指摘される可能性があります。

名義預金について、相続人の名義であっても、原資が被相続人である場合には名義預金として指摘される可能性があります。

一般的には過去の通帳の履歴を確認して調査をしてくることが多いため、その際にリスクになる項目がないかなど、念入りに説明をして確認をしてもらいました。

相続税の見直しは長女からの依頼でしたが、通帳を調べてもらったところ、「もしかしたら長男が車を買ってもらっているかもしれない」とのことでした。

車の購入資金について指摘されると還付の見込みの170万円とほぼ同額の増額が予想されますので、還付請求をしてもしなくても結果として変わらない可能性が出てきました。

また、もしかしたらほかにも把握していない項目で、何か指摘されるかもしれないため、税務調査の誘発リスクを考えて還付請求はしないこととなりました。

税務調査が入っていないからといって全て保守的に還付請求をしないわけではないですが、今回のケースでは1億円以上の納税額に対して還付の見込みが約170万円と少額であったこと。通帳を確認して指摘されそうな項目が見つかったこと。

以上の点から還付請求はしませんでした。

ただし、税務調査が今後入った場合には、税務調査後に改めて還付請求をすることもできます。

税務調査では追徴課税を狙って増額要素について指摘をしてくるため、税務調査が終わった後であれば、増額リスクについてほとんど気にせず還付請求をすることができるようになります。

ただ、税務調査では減額要素について残念ながら特に指摘してもらえないのです。

その点もお伝えしたため、とりあえず保留としています。

失敗事例として紹介しましたが、今後改めて還付請求する可能性もありますので、正確には保留事例となります。


ところで、相続税還付を専門にしている税理士はほとんどいません。

相続税に不慣れな税理士が手を出すと、増額リスクがあるにもかかわらず還付請求をしてしまい、逆に増額となって追徴課税されてしまうケースもあると聞いたことがあります。

還付請求をすると、税務調査まではいかなくても高確率で税務署から税理士に連絡が来ます。

慣れていない税理士の場合だと、税務署の反論に対してうまく反論できずに増額となってしまうのです。

失敗事例❷ 財産の計上漏れ

今回のケースは、保険会社の方からの紹介で依頼されました。

当初申告での納税額は約５００万円で、まだ税務調査も入っていない案件です。

申告書をその場で拝見したところ、減額要素をいくつか発見することができました。税務調査が入っていなくてもこれならやる価値があると思って、やる気を出していたのですが、打ち合わせの終盤で「実は地方にも不動産があり申告していない」との話が出てきました。

相続人の話ではほとんど価値がなくて、いらないから相続登記すらしていないとのことです。

確かに実勢価格としてはほとんど値段が付かないのかもしれませんが、だからといって申告しなくてよい理由にはなりません。きちんと評価額を計算して申告しなくてはいけません。

私は税理士という立場上、申告していない財産がある点を見逃して還付請求をすることはできませんので、まずは当初申告をした税理士に率直に話をして修正申告をしてください、とお伝えしました。さらに、税務調査が入れば、申告漏れは指摘されてしまうということと、加算税、延滞税といった罰則のような税金がかかるということもお伝えしました。

他の預貯金関係については、当初申告をした税理士がしっかりと調べて申告をしていたので、不動産の申告漏れさえなければ特にリスクもなく還付請求できそうでしたが、さすがに申告漏れがあるという点で受けることはできませんでした。

特に私のほうでは何もしなかった案件ですが、修正申告を無事に済ませてほしいものです。

修正申告をした後であれば、還付請求も可能である点はお伝えしましたので、現在連絡待ちの状態です。

失敗事例❸　やる気になってもらえなかった

相続財産再鑑定士の方からの紹介の案件です。

遠方ということもあり、お会いしないで相続税の申告書をまずはお預かりしました。

当初申告での納税額は約８０００万円でした。

既に税務調査も入っている案件でしたので、ほぼ増額リスクは考えなくてもよいため、還付の可能性は高いだろうと思いながら着手しました。

しかし、実際に見直しをしてみると土地の評価ではほとんど減額要素がありませんでした。

自社株の評価についても少しミスを見つけたのですが、結果的に評価額には影響のないミスでもあり、還付の可能性が低くなってきました。しかし、葬式費用に計上できそうな項目を発見することができました。

葬式費用の中にお返しの領収書がいくつかありました。

内容を見ると葬儀の当日にお返ししているお茶のほかに、別途カタログをお返ししています。

金額もお茶のお返しは少額なのに対して、別途お返ししているカタログは高額です。

以上の点からもお茶は会葬者に対して一律に配られる会葬お礼となります。これに対して、カタログは香典返しとしてのお返しとなります。

会葬お礼は、通常、葬式、通夜の会葬者、参列者、弔問客等に対して、謝意を表する意味で一律に配られるものですので、香典返しとは異なり、香典に対する答礼としても意味をもっていません。

したがって、会葬お礼と香典返しを明確に区分することができるため、会葬お礼に該当する項目は葬式費用に含まれるものとなります。

当初申告をした税理士は、おそらくお礼イコール全て香典返しと判断したのでしょう、葬式費用に計上されていませんでした。

そのため、会葬お礼について葬式費用を計上することができます。

しかし、相続税の還付金額がわずか60万円と少額でした。

当初申告での納税額約8000万円からすると、やる気にもならなかったようです。きちんと信頼関係ができていれば少額でも還付請求をする気になってもらえる可能性は高いと思いますが、相続税還付では全て一見の方であるため、こういうケースもたまにあります。

少額とはいえ、税務調査も終わっているので、やるだけやったほうがよいのにできずじまいとなり、何とももったいない案件でした。

第5章

相続税還付の手続きを考えたら

相続税が還付されるまでの流れ

もし相続税を納め過ぎてしまったと思ったら、相続税専門の税理士にご相談ください。ここでは実際に相続税還付を受けるまでの流れについて、私の事務所の場合を例に挙げて説明します。

①無料相談・お申込み

まずは無料相談という形で内容をお話しします。

相談の際には「相続税申告書と添付資料一式」をご用意ください（修正申告をしている場合には修正申告書一式も含みます）。

難しく考えてしまう方もいますが、相続税の見直しはたったこれだけの書類を揃えるだけなので、おどろくほどに簡単です。

②相続税申告書・添付資料一式のお預かり

相続税還付までの流れや内容の説明をさせてもらい、還付の依頼をいただけるのであれば「相続税申告書と添付資料一式」をお預かりします。

基本的には前記①と②はセットで行いますが、忙しくてお会いできない方の場合には、郵送や宅急便などで「相続税申告書と添付資料一式」を送ってもらうことも可能です。特に地方の方の場合には、郵送や宅急便などで送ってもらうケースが多くなっています。

③還付可能性の調査と書類作成

お申込みと「相続税申告書と添付資料一式」をお預かりしましたら、当事務所で当初申告の内容の調査をさせていただき、必要に応じて、土地の現地調査、役所調査を実施して減額の可能性を調査いたします。

調査の結果、減額要素があった場合には相続税の還付を受けるための書類（更正の請求書）を作成いたします。

還付可能性の調査と書類作成に関しては、内容によりますが、2カ月から3カ月ほどの期間となります。

④還付可能性の有無のご報告

還付の可能性についてご報告いたします。

もし還付の見込みがない場合にはここで業務は終了し、報酬も一切発生しません。仮に調査に実費代がかかっていた場合も一切請求はしていません。

還付の可能性がある場合にのみ、次のステップに進みます。

⑤税務署への書類提出

還付の見込み金額をご報告して、還付の可能性がある場合には、税務署への提出書類に押印をいただき還付請求します。

⑥税務署のチェック

税務署に対して還付請求（更正の請求又は更正の申出若しくは更正の嘆願）をした場合には、税務署側でも内容の調査をします。

更正の請求であれば、通常は３カ月程度でチェックした結果が出ます。更正の申出又は更正の嘆願の場合には、もう少しかかる場合があります。

⑦指定口座に還付

税務署へ書類を提出してから約３カ月程度（内容によっては数カ月）で、結果を知らせる「相続税の更正通知書」が送られてきます。

その後、概ね1カ月程度で「国税還付金振込通知書」が届いて、指定口座に相続税の還付金が振り込まれます。

振り込まれた後に、当事務所に報酬をお支払いいただきます。

成功報酬ですので、万が一、還付が認められなかった場合には、当事務所への報酬は発生しません。実費代についても同様に発生しません。

なお、更正の請求の場合に、還付されなかったことについて不服がある場合には、不服申立てをすることができます。

以上が、実際に相続税の還付を受けるまでの流れになります。

お申込みから還付されるまでのトータルの期間としては、だいたい6カ月から長くて1年ほどとお考えください。

相談前のチェックポイント

先ほどは還付までの手続きの流れについて取り上げましたが、相続税還付の相談をする前にチェックしておきたい項目を紹介します。次の項目に該当するものがあれば、還付を受けられる可能性は高くなりますので、チェックしてみてください。

①当初申告をした税理士が、確定申告や会社の顧問をメインにしている

一般的な税理士は会計と税金の専門家であり、財産評価の専門家ではありません。個人や法人の会計や税金については日ごろから接しているので、的確なアドバイスをしたり節税のテクニックもいろいろあるとは思います。

そのため、最もニーズのある税目は「所得税・法人税・消費税」となります。

それに対して相続税については案件数が少なく、一般的な会計事務所では年に１件

か2件ほどしかやらないところがほとんどであり、場合によってはゼロ件というところもたくさんあります。

そんな一般的な会計事務所に相続税の案件が来ても普段接しないため、慌てて相続税の本など専門書を片手に申告書を作成することになります。

このような付け焼刃の知識では適正な申告書ができないと思われますから、還付の可能性はかなり高くなるといえます。

②昔から付き合いのある税理士にお願いをした

昔から付き合いのある税理士がいる場合には、ほとんどの方がその税理士に相続税の申告をお願いすることでしょう。

しかし、相続税の申告に慣れている税理士は極めて少ないため、昔からの付き合いのある税理士がたまたま相続税専門である可能性はほとんどないといえます。

相続税専門である税理士であればよいのですが、「昔からの付き合いがあるから」という理由だけで選んだのであれば、還付の可能性は非常に高いと思います。

③当初申告をした税理士があまり不動産に詳しくない

相続税の計算ではその計算の基となる財産の評価が最も重要になってきます。財産には不動産、預貯金、有価証券など様々なものがありますが、その中でも不動産の占める割合は高くなっており、かつ、不動産の評価は税理士によって最も差が出やすいものでもあります。

基本的には路線価に地積を乗じて計算するのですが、土地には個性があります。いびつな形をした土地であれば不整形地補正をして減額できますし、道路が狭ければセットバックによる減額の可能性があります。

ほかにも空を見て高圧線があれば評価減要素ですし、隣に墓地がある、線路沿いで騒音がうるさい等も減額の可能性があります。

税理士試験はとても難しい国家試験ではありますが、不動産に関する試験科目はありません。そのため、税理士の資格を持っているだけでは、不動産に関する知識を得ることができないのです。

相続税の計算では、いかに不動産に関する知識を持って評価をするかが肝になってきます。

④相続税の申告報酬が相場より安かった

相続税の税理士報酬は法律で決まっているわけではありません。

報酬体系は税理士によって異なりますが、相続税の経験が豊富ではない税理士ですと、主業務とは別と考えているため法外なほどに安く受けている人も中にはいます。

内情を知っている者からすると「きちんと財産の調査と評価をしているのだろう

か？」とか「片手間にいい加減な申告をしているのではないか？」と心配になります。

税理士報酬が安いということは、安いなりの仕事しかしていないため、不動産について ろくに現地調査、役所調査をしておらず、多額の相続税を納めているケースがよく見受けられます。

しっかりと相続税の申告をするとなると、現地調査、役所調査をしなければなりませんし、不動産以外の財産についてもきちんと調査して評価しなければなりません。

このように、しっかり申告しようとすると税理士が時間と労力を使わなければならないので、それなりの報酬が必要になります。単純に税理士報酬が安くても相続税が高くなってしまっては、総額で損をしてしまうのです。

税理士報酬だけで判断できるものではないですが、あまりにも税理士報酬が安い場合には還付の可能性が高いといえるでしょう。

⑤土地について現地調査・役所調査をしていない

相続税を専門にしている税理士なら、土地の現地調査と役所調査は必ず行います。しかし、現地調査と役所調査をしていない、いい加減な税理士がいてビックリします。

現地を見るとがけ地になっているのに評価減していなかったり、空を見てみると高圧線が通っていて建築制限がかかっているのに評価減をしていなかったり、現地を見ることで減額要素が見つかることはたくさんあります。

また、役所調査をして都市計画道路予定地にかかっているため減額できたり、容積率の境にあるため減額できるなど、役所調査で判明することもたくさんあります。

一般の方には税理士が評価しているから安心と感じるのかもしれないですが、このように慣れていない税理士ですと、かなりいい加減なケースがあり、実際に現地調査・役所調査を実施すると次から次へと減額要素が出てくることがあります。

⑥個性の強い土地がある

当初申告をした税理士が現地調査と役所調査をしている場合には、かなりきちんと減額要素を考慮して評価されているのですが、個性の強い土地の場合には財産評価基本通達にも載っていないような評価減が認められることがあります。

あまり不動産評価に詳しくない税理士ですと、現地調査・役所調査をしていても、減額要素を見逃してしまっているケースがあります。

個性が強いと思う土地や、「評価が高いのでは？」と感じている土地は、実際に下がるケースがありますし、場合によっては不動産鑑定士に評価してもらうことで、評価が下がることも中にはあります。

⑦土地がたくさんある

相続税還付では、基本的に土地の評価を見直すことで評価額を下げるため、単純に土地がたくさんあれば、「下手な鉄砲も数撃ちゃ当たる」ではないですが、それだけ減額の可能性を見つけられる確率が高まってきます。

また、土地がたくさんある場合には、1つひとつの評価減要素が少なくても、積み重ねることで大きな減額につながったケースもあります。

当初申告をした税理士が不動産に精通していればよいのですが、一般的な税理士であれば、そこまで不動産に詳しくありません。

そのため、かなりしっかり調べている税理士でも、土地がたくさんあればそれだけ見落としをしている可能性が高くなってきます。

土地がたくさんある場合には、内容を調査してみる価値があると思います。

⑧申告書の添付資料が薄い（5㎝未満）

相続税の申告書は、一般的な個人の確定申告書や法人の確定申告書・決算書と比べてかなり分厚くなるケースがあります。

理由としては、被相続人が所有していた財産について全て調査し、評価の根拠資料を添付するからです。

特に土地の評価では路線価図、住宅地図、公図、測量図、登記事項証明書（登記簿謄本）などのほか、減額の要素となる根拠資料（道路図面、都市計画図、写真など）を添付します。

これらの資料が添付されていない場合には、いい加減な評価をしている可能性が高いといえるでしょう。

特に自社株がある場合には、会社所有の財産も評価をしてから自社株の評価額も出すため、申告書の添付資料も非常に分厚くなってきます。

場合によっては５㎝のファイルが数冊になることもあります。

一般の方はびっくりされるかもしれませんが、それだけ相続税の申告書と添付資料の一式は分厚くなるものなのです。そのため、申告書が薄いということは、それだけ内容も薄くなっている可能性があります。

もちろん、もともと財産があまりない場合やほとんどが預貯金で残高証明書を添付するだけの場合には、必ずしも分厚くなるわけではありませんので、あくまでも1つの目安です。

⑨会社を経営している（自社株の評価がある）

「相続の財産評価をする上で最も難易度の高い財産は何か？」と聞かれたら真っ先に出てくるのが、非上場株式（自社株）の評価です。

以前に、自社株の評価1件で報酬を100万円いただいた案件がありました。

おそらくこれだけ聞いた方は、「なんてぼろい商売なんだ！」と思われるかもしれませんが、実際に自社株の評価をした私は「なんて割に合わない仕事なんだ！」と思ったものです。

そのくらい、自社株の評価は難易度が高く、手間暇かかるものなのです。

もちろん、全ての会社の評価がそんなに難しいわけではありませんが、慣れていない税理士ですと、まともに太刀打ちできません。

それだけ自社株の評価は難易度が高いので、申告書の見直しをする際にもかなりの労力を使うのですが、大幅な減額要素となることがあります。

⑩当初の税理士がやたらと自分の肩書を強調する

第１章でも書きましたが、税理士にはいろいろな経緯で登録している人がいます。

国家試験に受かっている人や大学院で免除を受けている人、国税局ＯＢなど。

どの税理士がいいのかは一概にはいえませんが、１つ明らかなのはどれだけ実務での経験があるかということです。

特に相続税の計算では不動産の現地調査や役所調査がとても重要となりますから、実際の実務で経験を積んでいないことには、現地調査や役所調査に行っても何を調べればいいかのさえ分からない状態になってしまいます。

「国税局ＯＢで、元○○税務署長です」

「勉強会、セミナーの講師をしています」

など、経歴や肩書ばかり強調していても、実務とは全く関係ありません。

中には、相続税の申告を一度もしたことがないのに相続セミナーの講師をしているという税理士もいました。

「国税局ＯＢの税理士だから安心」

「講師をしている税理士だから安心」

という考えは、とても危険であるといえるでしょう。

第6章

相続税還付でよくある質問

相続税還付の依頼者は「そんなおいしい話があるはずはない」「何かデメリットがあるのではないか」など、様々な不安を抱いています。しかし、そのほとんどが勘違いであることも多いのです。そんな不安を解消してもらうためにも、ここでは相続税の還付について、相談者の方からよくいただく質問をQ&A形式で紹介します。回答内容は、主に私の事務所で対応する場合となりますが、ぜひ参考にしてください。

Q1 申告書を見直すなんて当初の税理士に悪いのでは?

A1

税理士は、納税者のための存在であり、税金が戻ってくること（納税者の利益）について悪く言うことは本来であればありえないことです。

とはいえ、当初申告をした税理士からしたら、申告書の内容を他の税理士に見直しされるのは良い気分はしません。

そのため、当初申告をした税理士に「他の税理士に申告書の見直しを依頼しようと考えているんだけど」と相談した場合には反対されるでしょう。

しかし、払わなくてもよかった税金を取り戻すだけですので、税理士に対して後ろめたいような手続きではありません。

また、当初申告をした税理士がしっかりと正しく申告をしていた場合には「正しく申告していました」と報告することになります。

もしも、相続税の見直しを他の税理士に依頼したことについて、当初申告をした税理士が文句を言ってきたり、何か言ってくるようであれば、還付後に当事務所から当初申告をした税理士に対して内容を説明することも可能です。

Q2

当初の税理士とは今後の付き合いもあるので、相続税還付をお願いしたことがばれるのがいやです。

A2

昔からの付き合いのある税理士であれば、今までお世話になったという気持ちもあると思いますし、今後も長く付き合う点を考えると相続税還付をお願いしたことがばれると今後の関係性にも悪影響が出てくるかもしれません。

しかし、相続税の還付請求をする際には、更正の請求（又は更正の申出、更正の嘆願）に「税務代理権限証書」という委任状を添付することになります。

そのため、税務署からの通知も当初の税理士ではなく、新たに「税務代理権限証書」を添付した当事務所に連絡がきますので、相続人の方が自ら言わない限り、当初の税理士に知られることはありませんのでご安心ください。

Q3 税務署から怪しまれないですか？

A3

相続税還付は、払い過ぎた税金を国税通則法に則って合法的に手続きをするだけです。

相続税の申告期限は10カ月以内と定められていますが、必ずしも10カ月の間に被相続人の全ての財産を把握し、正確に評価することができるわけではありません。そのため、申告漏れがあったり、逆に納め過ぎてしまうケースも出てきます。

国税通則法ではそのような申告漏れや納め過ぎてしまった場合に、後から修正ができるように、修正申告（増額の場合）や更正の請求（還付の場合）について、法律で手続きを定めています。

逆に税務署側からも、更正（増額更正と減額更正）や決定処分（無申告の場合に税額を決定する）ができるように法律で定められています。

そのため、過去の申告が適正なものであれば還付は認められませんが、誤って納め過ぎていた場合には当然還付されます。

Q4 見直しの結果、逆に増額になりませんか？

A4

見直しの結果、当初から適正なものであれば還付にはなりません。

その場合には適正な申告がされていたということで、報告させていただきます。

また、逆に増額要因がある場合には、税務調査が入った際のリスクの説明をさせていただきます。

増額要因がある場合には、当事務所では税務署に対しての申告はしません。

したがって、見直しをしたために増額となることはありませんのでご安心ください。

ただし、明らかな脱税については修正申告をしなければならないため、当初申告をした税理士に対応してもらうようにお勧めします。

Q5
既に税務調査が入っています。還付手続きをしたところで税額は変わらないのでは?

A5

既に税務調査が終わっていれば、これ以上増額になることはありません。

税務調査は追徴課税が目的なので、納税者に有利となるような土地評価等の減額について、税務署が指摘することはほとんどないのが実情です。

仮に税務署が土地評価の減額をするためには、現地を見て減額要因がないのかを調査したり、役所調査をして減額要因がないかどうかを調べることになってしまいます。

税務署としては税金を下げるためにそこまで力を入れて現地調査・役所調査をするようなことはないため、減額要因があったとしても税務署も気付いていないのが実情です。

本音を言ってしまうと、税務調査が終わっていれば増額リスクがないため、非常に見直しをしやすいといえます。

Q6 実は財産を隠していて申告していません。相続税還付をした結果、追徴課税されませんか？

A6

財産を隠していた場合、それは脱税となりますし、税務調査で指摘される可能性は高いといえます。

私からは、すみやかに修正申告をしてくださいとしか言えません。

ただし、このような場合には次の2つのパターンで還付請求をすることができます。

①とりあえず還付の請求をする
増額要因よりも減額要因のほうが大きい場合には、隠していた財産も素直に申告することで、後ろめたさをなくして還付を受けることができます。

これが理想的な形だと思いますが、必ずしも還付になるわけではなく、脱税をしている場合には追加納付が必要になるケースが多いと思われます。

また、脱税した内容を隠したまま、減額要素だけを考慮して還付請求するということは一切受け付けていません。

②修正申告をした後で還付請求をする

とりあえずは当事務所では何もせず、当初申告をした税理士に話をしていただき修正申告をしてもらいます。

修正申告をして追徴税額を支払った後に連絡をいただければ、改めて還付の請求をすることができます。

以上、2つのパターンをご紹介しましたが、財産を隠すことは脱税であり刑事告訴されることもありますので、まずは修正申告をしてください。

Q7

還付になった場合には、また分割協議が必要ですか？

A7

還付金は、各相続人の取得している財産に応じて還付されますので、分割協議の必要はありません。

また、払い過ぎた税金が戻ってくるだけで特に所得にもならないので、確定申告等の必要もありません。

Q8 物納している場合はどうなりますか？

A8

物納している場合、現金で納付したのと同じ扱いになりますので、現金で還付されることになります。

ただし、物納財産を見直して減額した場合には、収納価格も減額されますので注意が必要です。

Q9
延納している場合はどうなりますか？

A9
延納している場合、還付ではなく延納している残金の減額になります。

そのため、利子税の負担も相当軽減されるため、節税効果としては現金還付の場合よりも大きくなります。

Q10
当初申告の際の手続きが何かと煩雑で、非常に疲れました。還付手続きも面倒なのでは？

A10
相続税還付に必要な書類は「相続税申告書と添付書類」のみです。
税務調査が入って修正申告している場合には「修正申告書」も必要になります。

あとはこちらで土地の現地調査と役所調査をしますので、お手数をおかけすることは基本的にありません。

土地の利用状況などをお聞きすることはありますが、戸籍謄本や印鑑証明書などが必要になることはないですし、おどろくほど簡単なのでご安心ください。

Q11 他の相続人と絶縁状態で、会話もできない状態ですが……。

A11

還付の際には相続人全員で受けることができるので、できれば相続人全員で手続きをするのが望ましいですが、１人で手続きをすることも可能です。

この場合には１人分しか還付されないため、還付金額は少なくなります。

Q12

相続後に土地を売却してしまい、ほぼ残っていません。

A12

相続税還付は、相続開始時点で被相続人が所有していた財産が対象になります。そのため、売却等をしていても見直しは可能です。

Q13

当初の税理士は超ベテランの先生です。申告にミスはないと思うのですが……。

A13

当初の税理士は「間違っているかも」とは決して言わないと思います。相続税専門をうたっている税理士の申告で還付されたケースもあります。手続きをするかは別にしても一度相談（無料）してみてください。

Q14 成功報酬というのが気になります。

A14

私の事務所にご依頼いただいた際の、成功率と平均還付金額をお伝えします。

まず、成功率でいうと7割超。

10件見直しをすれば、７件は還付対象となります。

戻せる金額はケースバイケースで、当初申告の２％（当初2億円超の納税で４９０万円の還付）くらいのものから、中には90％（当初４０００万円の納税で３６００万円の還付）戻るケースもありましたので、一概には言えませんが、平均としては約20％の金額になります。

単純に成功率が高いのと、還付金額も多額になるため、成功報酬が成立します。

また、還付の可能性が低い場合には時間もかけないため、成功報酬がなくても問題ありません。

Q15

税理士が申告しているのに、なぜ還付になるケースがあるのですか?

A15

医者に内科、外科等の専門があるように、税理士にも専門分野があります。一般的な税理士は、法人税、所得税、消費税を専門にすることが多く、相続税を専門にする税理士は限られています。

特に差が出てくるのが、土地の評価です。

相続税に慣れていない税理士は土地の現地調査、役所調査を実施していないため、最大限の評価減をしていない場合が多く、税理士によって数百万円から数千万円の差が出ることが多々あり、場合によっては億単位の差が出てきます。

Q16 どこまで無料でやっていただけますか？

A16 還付（延納の場合には減額）されない限り、一切報酬はいただきません。還付又は減額に成功した場合に限り、還付金額又は減額された金額の中から報酬をいただきます。

Q17 個人情報の取扱いが気になります。

A17 税理士には守秘義務があります。

税理士法第38条……税理士は、正当な理由がなくて、税理士業務に関して知り得た秘密を他に洩らし、又は窃用してはならない。税理士でなくなった後においても、また同様とする。

以上のように定められていますので、個人情報の取扱いに関してもご安心ください。

第7章

知らないと損する生前対策!

生前対策とは

生前対策には大きく分けて3つあります。

1つ目は相続人同士が争わないようにするための「争続対策」です。

争続対策としては、財産を分けやすいような形にしておくことや遺言書を作っておくことが有効です。

もちろん、遺言書をただ書いておけばよいというものではなく、遺留分は侵害していないかどうか、税金面は考慮しているのか、不動産を兄弟で共有で相続させるなど逆にもめる原因を作っていないかなどに注意することが必要です。

ほかにももめないためのポイントとしては「付言」として想いを伝えることがとても大切となります。

遺言内容についてのご自身の想いや、家族への感謝の言葉、願いなどを伝えることでトラブルを回避できる可能性が高くなります。

２つ目は、相続税を納税する資金があるかどうかの「納税対策」です。

相続税の納期限は、相続の開始があったことを知った時から10カ月です。相続税は原則として現金納付となっており、納付が遅れれば延滞税が余計にかかってしまいます。

そのため、納税対策として現金化しやすい財産を準備するか、生命保険に加入して相続人が現金を受け取れるようにするなどの対策が有効です。

３つ目は、相続税の負担を減らす「節税対策」です。

簡単にできる節税対策としては、生前贈与などがあります。

ほかに、保険の非課税や不動産を使った対策などもあります。

生前対策は大きく分けると3つありますが、節税対策だけを重視し過ぎると争続の原因になったり、争続対策だけを重視し過ぎると税負担が重くなってしまうことがあります。

そのため、生前対策では3つの対策をバランスよく行う必要があります。

この章では、3つの対策の中でも「節税対策」について、いくつか紹介していきます。

生前贈与の有効活用

相続税の節税対策の中では最も利用される手段の1つだと思います。

生前贈与の有効活用

●相続税の税率が20%の場合

年間の贈与価格	①贈与税額	②相続税節税額	節税効果②－①
110万円	0円	22万円	22万円
200万円	9万円	40万円	31万円
300万円	19万円	60万円	41万円
500万円	48.5万円	100万円	51.5万円
510万円	50万円	102万円	52万円
600万円	68万円	120万円	52万円
800万円	117万円	160万円	43万円
1,000万円	177万円	200万円	23万円

単年度では510万円の贈与が最も節税効果が高くなっているため、短期的な生前対策（寿命が短い等）に有効です。
ただし、長期的に生前対策をする場合には、贈与価格を下げたほうが有利になる場合もあります。

長期的に生前対策をした場合と、短期的に生前対策をした場合の比較をしてみます。

例）3,000万円の現金を10年で贈与する場合と、
　　6年で贈与する場合。
　　※相続税の節税額のトータルはともに600万円となります。

● 10年で贈与の場合（300万円×10年）
贈与税額19万円×10年＝190万円（**節税メリット410万円**）

● 6年で贈与の場合（500万円×6年）
贈与税額48.5万円×6年＝291万円（**節税メリット309万円**）

●贈与税額の負担の差額
291万円－190万円＝**101万円**

生前贈与が節税対策として有効な理由としては、生前に財産を贈与することで相続財産を減らせることです。

ただし、贈与には贈与税がかかります。

贈与税の基礎控除は年間110万円となっていますので、毎年110万円以内であれば贈与税の負担がなく節税対策をすることができます。

しかし、毎年110万円までの贈与ですと、10年かけても1100万円しか相続財産を減らすことができず、効率は悪くなってしまいます。

例えば、相続税の税率が20%である人が、年間300万円の贈与をした場合には19万円の贈与税がかかってしまいますが、実効税率としては約6・3%(19万円÷300万円)であるため、相続税の節税効果としては60万円(300万円×20%)となり、トータルの節税メリットは41万円(60万円－19万円)となります。

この場合に、もし年間の贈与が110万円だと贈与税の負担がゼロになる代わりに、相続税の節税メリットは22万円（１１０万円×20％）しかないため節税効果は薄くなってしまうのです。

そのため、相続税の税率と贈与税の税率とのバランスや、生前贈与する財産の価額、贈与する期間などを考慮して判断する必要があります。

生前贈与をする場合の注意点

生前贈与は手軽であることから利用される人が多くいますが、中には税理士に相談せずに生前贈与を実行して税務署に否認されてしまうケースも数多くあります。

ここでは、税務署に否認されないように注意するべき点について説明します。

①贈与契約書を贈与の都度作成すること

親子間の贈与では贈与契約書を作成していないケースがほとんどだと思いますが、第三者へ立証する証拠としても贈与契約書の作成が必要になります。

また、贈与契約書を作成する際には、連年贈与にならないように気を付ける必要があります。

連年贈与とは、例えば「1000万円を10年間に分けて100万円ずつ贈与する」という内容にしてしまうと、定期金に関する権利（10年間にわたって100万円をもらえる権利）の贈与を受けたものとして、贈与税の申告が必要になってしまいます。

これを回避するために「100万円を贈与する」という契約書を贈与するたびに作成します。

単発の贈与がたまたま10年続いたという場合は、それは連年贈与にはなりません。

ただし、贈与契約書を作成していない場合には、100万円の贈与をたまたま10年続けていたとしても、そのことを立証できないために、税務署から「連年贈与ですね」と指摘されてしまう可能性があります。

とことん税務署から否認されるリスクを軽減したいという場合には、贈与契約書の確定日付を取るなり、毎年の贈与金額を少し変えて連年贈与ではないと強調するなどの方法が考えられます。

②受贈者（財産をもらう側）本人の口座に振り込むこと

よくあるケースとしては、贈与者（財産をあげる側）が子名義の通帳を作ってそこに預金を振り込んで貯めているというものがあります。

そして子どもが無駄遣いをしないように、親が通帳と印鑑を管理しているのです。

この場合には、税務署から「そもそも贈与が成立していないので、子名義の預金ではあるけれど実際には親の財産であるため、相続財産になります」と指摘されてしまいます。

贈与者から一方的に「贈与します」というだけでは贈与契約は成立しません。贈与者の「贈与します」という意思に対して、受贈者が「もらいます」と意思表示をすることで初めて贈与契約は成立します。

そのため、税務署から否認されないためにも、受贈者が普段生活で使っている通帳に振り込む必要があります。

どうしても子どもに無駄遣いをしてほしくないということであれば、例えば、贈与した預金で生命保険に加入するなどの方法も有効になります。

③あえて110万円を超える贈与をして、贈与税の申告をし記録を残す

贈与税の申告は贈与の要件ではありませんが、贈与税の申告をすることで税務署に対して贈与の立証がしやすくなります。

ただし、贈与税の申告をしたからといって、それだけで贈与の立証ができるわけではありません。

実体が伴っていない場合には、「贈与税の申告がそもそも誤りです」と税務署に指摘される可能性もあるかもしれません。

きちんと贈与の実体があるうえで、さらに否認リスクを軽減するオマケのようなものと思っていただければと思います。

④生前贈与加算に注意

生前贈与加算は税務署の否認リスクとは違う話になりますが、相続開始前3年以内の贈与については相続税の計算に取り込む必要があるため、余命3年以内から生前贈与を開始しても無意味となってしまいます。

そのため、生前贈与を開始する場合には早い段階で実行していくことが大切です。

よく病気は「早期発見早期治療」といいますが、節税対策では「早期発見早期対策」がとても大切です。

なお、もし余命が残りわずかな状態で、どうしても生前贈与で節税対策をしたいということであれば、孫に贈与するという方法が有効になります。

生前贈与加算は相続又は遺贈により財産を取得している者が対象となりますので、相続により財産を取得しない孫への生前贈与は、生前贈与加算の対象からは外れます。

注意点としては、遺言書で孫へ遺贈する場合と、子が先に亡くなっていて孫が代襲相続人として財産を相続する場合には、生前贈与加算の対象となってしまうことです。

生命保険の有効活用（非課税枠）

相続人が取得した生命保険金については、非課税枠があります。

非課税の金額としては「５００万円×法定相続人の数」となりますので、例えば、法定相続人が妻と子２人の３人である場合には、１５００万円の非課税枠があることになります。

そのため、定期預金１５００万円を相続した場合には相続税の課税の対象となってしまいますが、死亡保険金で１５００万円を受け取った場合には、同じ１５００万円というお金であるにもかかわらず、非課税で相続税がかからないことになります。

節税金額としては、税率が最も低い10％の人でも１５０万円となりますし、もし最高税率の55％の人であれば節税金額は８２５万円になります。

なお、死亡保険金は契約形態によって、かかる税金が異なります。

契約者（保険料負担者が別人の場合は、保険料負担者で判断します）と被保険者が同じ場合には、相続税の対象となります（今回の話はこれに該当します）。

契約者と受取人が同じ場合には、所得税の対象となります。

生命保険の有効活用（非課税枠）

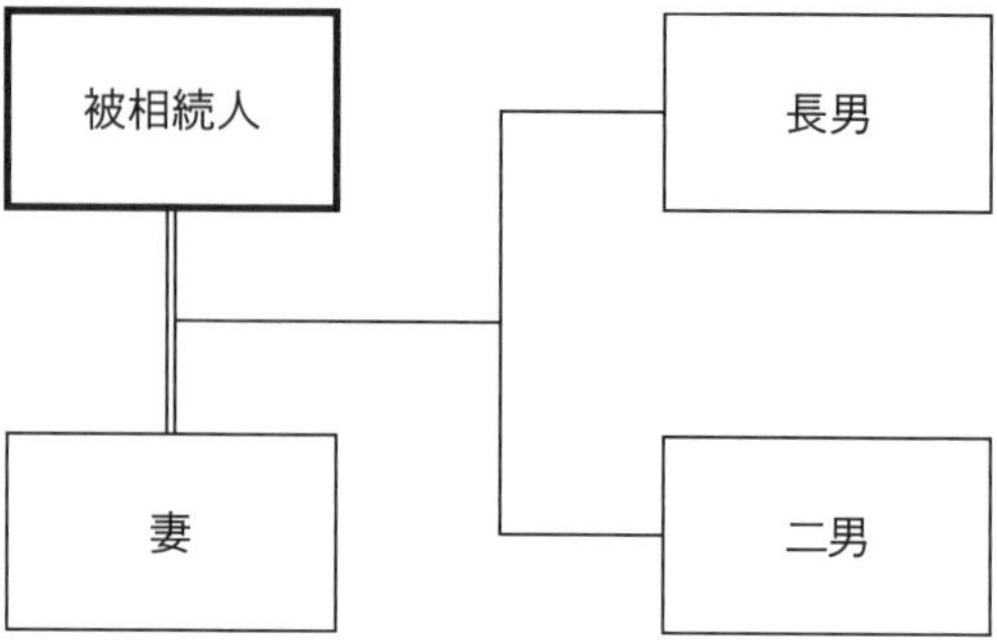

法定相続人は妻、長男、二男の3人。
この場合には、生命保険金の非課税金額が500万円×3人の1,500万円となります。

条件	契約者	被保険者	受取人	税金の種類
契約者=被保険者	夫	夫	妻	相続税
契約者=受取人	子	夫	子	所得税 住民税
契約者、被保険者、受取人が全て異なる	夫	妻	子	贈与税

※契約者と保険料負担者が異なる場合には、「契約者」を「保険負担者」に読み替えて判断します。

契約者と被保険者、受取人が全て別の場合には、贈与税の対象となります。

生命保険の有効活用（相続税と所得税の税率の差を利用）

死亡保険金は、契約者と受取人が同じ場合には所得税の対象となりますので、この税金の違いを利用することで節税をすることができます。

具体的には生前贈与と生命保険の組み合わせなのですが、保険料相当額を子に生前贈与して、子が契約者、かつ、受取人、親が被保険者という内容の保険に加入します。

この場合で親が亡くなると子の一時所得となり、一時所得の場合には払込保険料と特別控除50万円を差し引くことができて、かつ、２分の１にしてから所得税の税率をかけることになります。

そのため、相続税が多額に発生すると見込まれる場合には、とても有効な節税対策となります。

生命保険の有効活用（解約返戻金を低く抑える）

被保険者を子や孫等にして、親が契約者として初期の解約返戻金が低額のものを利用することで、節税をすることができます。

この場合には親の相続が発生しても保険事故が発生していないため、「生命保険契約に関する権利」という財産を相続することになります。

この生命保険契約に関する権利については、相続発生時の解約返戻金で評価することになるため、初期の解約返戻金が低いものを利用し、解約返戻金が低いうちに相続が発生した場合には相続税の負担も低く抑えることができます。

不動産の有効活用（アパート建築）

更地の上にアパートを建築することで評価を下げることができます。

例えば、相続税評価額が５０００万円の更地で、借地権割合が60％の地域（路線価図で借地権割合が何％か確認することができます）に、５０００万円のアパートを建築したとします。

アパートを建てる前の財産は土地が５０００万円、預金が５０００万円の計１億円ですが、アパートを建てて賃貸することで、土地の評価が自用地評価から貸家建付地という評価に変わります。

貸家建付地の場合には、５０００万円の評価だったものが４１００万円の評価に下がります。

また、建物に関しては固定資産税評価額で評価することになりますが、賃貸で貸している場合には、さらに借家権30％を控除した70％で評価することになります。

仮に5000万円で建築した建物の固定資産税評価額が3000万円だった場合には、相続税評価額が2100万円になります。

そのため、賃貸アパートを建築することで、土地建物の相続税評価額が合わせて6200万円となるため、評価額を3800万円下げることができます。

例えば、税率が30％の人であれば1140万円節税できますし、55％の人であれば2090万円節税できることになります。

ただし、注意しなければならない点としては、次のようなリスクがあるため、節税ありきで考えないように気を付ける必要があります。

○キャッシュフローが悪くなる
○将来、修繕費がかかったり、空室のリスクなどがある
○売却が難しくなる

○広い土地の一部にアパートを建築すると、評価区分が分かれて広大地評価ができなくなり、逆に評価が上がってしまうことがある

不動産の有効活用（タワーマンションの購入）

タワーマンションは地域によりますが、相続税評価額と実勢価格の乖離が大きく、節税効果も大きくなります。

特に最上階の角部屋などは乖離が激しく、実勢価格との差額が70％前後になることもあります。

そのため、２億円で購入したタワーマンションが、相続税評価額では６０００万円前後にまで落ちるのです。

そして、賃貸した場合には、土地は貸家建付地として評価でき、建物は貸家として

評価できるため、さらに評価を下げることができます。

ただし、アパート建築と同様にリスクもありますので、慎重に判断する必要があります。

教育資金信託は本当に使えるの!?

この制度は、30歳未満の直系卑属（子や孫など）の教育資金にあてるために、信託銀行等の金融機関に信託等をした場合に、受贈者1人につき1500万円まで非課税とする制度です。

ただし、教育費はもともと非課税となっているため、長期的な視点で見ると節税効果はありません。

むしろ、長期的に考えると使い道が教育費に限定されてしまうため、デメリットとなってしまいます。

では、教育資金信託の非課税制度は全くメリットがないのでしょうか？

この制度の利点としては、通常の教育費の非課税制度は必要な時にその都度贈与する必要がありますが、教育資金信託を利用した場合には、将来かかる教育費を一括で１５００万円まで非課税で贈与できるため、即効性のある節税としては有効です。

そのため、余命が残りわずかである場合などには、有効な節税方法となります。

適用期限は、平成25年4月1日から平成31年3月31日となります。

なお、メリットとデメリットをまとめると次のとおりとなります。

〈メリット〉

○一括で受贈者1人につき１５００万円まで非課税で贈与できます。

○短期間で節税対策をする場合には即効性があります。

〈デメリット〉

○教育費はもともと非課税であるため、長期的には節税効果はありません。

○30歳までに教育費として使わなければ、使わなかった残額に対して贈与税が課税されます。

○教育費以外の用途に使用した場合には、贈与税が課税されます。

○信託銀行等から金融商品の販売、遺言信託等の営業を受ける可能性があります。

結婚・子育て資金を一括贈与した場合の非課税は本当に使えるの!?

結婚・子育て資金を一括贈与した場合には1000万円まで贈与税が非課税となる制度ができましたが、この制度は本当に使える制度なのでしょうか?

前からある教育資金信託の１５００万円までの非課税制度も、専門家からは「使えない制度」といわれている反面、「１５００万円」という金額のインパクトと「孫のため」というフレーズで、何も分からない一般の人へは受けがよく、利用者数は右肩上がりに増えているそうです。

もともと教育費は非課税のため、ほぼメリットはない制度ですが、「教育資金信託は本当に使えるの!?」でも書いたように、余命が残りわずかであるなど大至急節税対策をしたいという場合に限り、メリットがありました。

しかし、結婚・子育て資金の非課税制度にはそのメリットすらありません。結婚・子育て資金も教育費と同様、もともと非課税です。贈与者が亡くなった場合には、その時点の残額が相続税の対象となってしまいます。

使い勝手の悪い教育資金信託の非課税制度よりも、さらに使い勝手の悪い制度ができたというのが私の率直な感想です。

私は基本的に、教育資金信託、結婚・子育て資金のどちらの制度も利用しようとしている人がいた場合には、必ず全てのデメリットをお伝えします。
教育資金信託を既に利用している人からは「やらなければよかった」という後悔の声もよく聞きます。
もちろん、メリットが全くないわけではないため、デメリットをきちんと理解された上で利用するのはよいと思います。

ここまで、結婚・子育て資金の非課税制度について全くメリットがないみたいな書き方になっていますが、1つだけメリットを見いだすことができましたので、紹介したいと思います。

節税という面で見てみますと、贈与者の死亡時に相続税の課税対象となることから節税効果の全くない、何の使い道もない制度にしか見えません。しかし実は２割加算の対象にならないというメリットがあります。

そのため、推定相続人である子に対しては、この制度は全く使えない（節税効果なし）のですが、推定相続人ではない孫の場合には、通常は遺贈で財産を残すと相続税の２割加算となってしまうところ、この制度を利用すると２割加算の対象から外れますので、節税効果が出てきます。

つまり、本来２割加算の対象となってしまう孫に残したいという要望がある場合には、節税として使える制度になるのです。

例えば、節税しつつ、お金を残してあげたいという場合には、子へは一時払終身保険等の生命保険金で非課税枠を使いつつお金を残してあげて、生命保険の非課税枠を使えない孫へは結婚・子育て資金で２割加算の対象から外して節税しつつ残してあげるという方法が考えられます。

あとは節税とは関係のない使い方もあるかもしれません。

現在、日本は結婚をしない独身の人も多く、「早く孫の顔がみたい」と思っている親御さんも多いのではないでしょうか？

つまり、親としては子に早く結婚してほしいし、孫を産んでほしいのです。

そういう親の気持ちを実現するため、また、少子高齢化対策として結婚を促進するための制度として、独身の子に対してプレッシャーを与える使い方など……。

とはいえ、逆に変なプレッシャーを与えて結婚できなくなるかもしれないので、子へのプレッシャー目的に利用される場合には、自己判断と自己責任でお願いします。

墓を購入するなら生前に！

墓や仏壇などは相続税の非課税財産となりますので、生前に購入することで課税の対象となる財産を減らすことができます。

相続後に購入しても債務控除は認められません。

そのため、お墓等を購入するのであれば生前がよいといえます。

養子縁組を利用

養子縁組をすることで、法定相続人の数を増やすことができます。

もちろん、法定相続人の数に入れることができる養子は無制限に認められるわけではなく、実子がいる場合には１人まで、実子がいない場合には２人までと決まっています。

なお、養子縁組により法定相続人の数を増やすメリット（節税）には次のようなものがあります。

○生命保険金・退職手当金等の非課税金額の増加（法定相続人1人につき500万円）
○基礎控除額の増加（3000万円+600万円×法定相続人の数）
○相続税の税率区分の引き下げ
逆にデメリットとしては、孫を養子にした場合などは相続税の2割加算の対象になる点があります（直系卑属（子や孫など）以外を養子にした場合には、2割加算の対象となりません）。

節税効果の例
推定相続人が子1人の場合で、財産が預金9000万円、死亡保険金1000万円の合計1億円の場合。
養子縁組を利用しなかった場合の相続税は1070万円となります。

【計算式】
1億円－500万円（生命保険金の非課税）－3600万円（基礎控除）＝
5900万円
5900万円×30％－700万円＝1070万円

養子縁組をして法定相続人が2人となった場合には、相続税は620万円となります。

【計算式】
1億円－1000万円（生命保険金の非課税）－4200万円（基礎控除）＝
4800万円
4800万円×1／2（法定相続分）＝2400万円
2400万円×15％－50万円＝310万円（1人分の相続税）

310万円×2人＝620万円

右の例では養子縁組をすることによって450万円（1070万円－620万円）の節税効果が発生します。

仮に孫を養子にする場合には、孫養子が相続した分について2割加算の対象となりますが、全ての財産を孫養子が相続したとしても、相続税の負担は744万円（620万円×1・2）となりますので、この場合でも326万円（1070万円－744万円）の節税効果となります。

基礎控除が増えるだけではなく、税率区分も変わる点など節税効果は高いでしょう。

第8章

誰も知らない!?
ミラクルな
節税!?

第7章では一般的な相続税の節税方法について触れましたが、ここでは普段接することのないような稀なケースや、一般的に知られていない事例を紹介します。

特に「まさかまさかの配偶者軽減を、あえて受けないという選択肢！」と「もめにもめた争続で2億円得しちゃった！」は税法でも想定していないような事例なので、相続税を専門にしている税理士でも扱ったことがないかもしれません。

これら2つの事例は狙ってできる節税ではないですが、私が今まで担当した相続の案件の中でも非常に奥の深いものでした。

まさかまさかの配偶者軽減を、あえて受けないという選択肢！

配偶者が相続した財産については、1億6000万円までは配偶者軽減により相続税はかからないことになっています。

また、１億６０００万円を超えても法定相続分までの取得については相続税がかかりません。

つまり、１億６０００万円か配偶者の法定相続分のいずれか多い金額までについては相続税がかからないのです。

そのため、配偶者は相続税の面でかなり優遇されているといえます。

税理士に「配偶者軽減の適用は受けたほうがいいですか？」と質問したら１００人中１００人が「配偶者軽減の適用を受けたほうがいいです」と回答するでしょう。

税理士試験の相続税法でも、配偶者がいる問題では必ず配偶者軽減の適用を受けて計算します。

普通に考えれば相続税が安くなる制度ですので、適用を受けるのは当然です。

しかし、長年相続の仕事に携わっていると、通常では考えられないようなレアなケースと出会うことがあります。

今回は実際にあったケースを紹介したいと思います。

都内の地主の一族の方でした。

通常であれば、1億円ほど相続税がかかる資産規模の方でしたが、親の相続が発生した直後でしたので、相次相続控除の適用を受けることができました。

配偶者軽減と相次相続控除の両方を適用すれば、余裕で相続税はかからないですし、あえて配偶者軽減の適用を受けずに相次相続控除のみの適用でも、ぎりぎり相続税はかからない内容でした。

相続税の負担のみを考えるのであれば、どちらでも結果は変わらないため、通常であれば余裕を持たせるためにも、配偶者軽減の適用を受けるのがベストであると思われがちです。

それでも配偶者軽減の適用を受けなかった理由としては、相続後に不動産を売却する予定だったからです。

相続の発生から3年10カ月以内に相続した財産を売却した場合には、譲渡所得の計算上、相続税の一部を経費にすることができる「相続税の取得費加算」という制度があります。

もちろん、相続税を納めていない人は相続税の取得費加算も通常であればゼロとなります。

しかし、実際の相続税の取得費加算の金額は、納めた相続税そのものではなく、贈与税額控除や相次相続控除の適用を受ける前の相続税をベースに計算することになります。

そのため、相次相続控除の適用を受けて相続税の納税がゼロでも、相次相続控除の適用を受ける前の相続税が発生している場合には、相続税の取得費加算を適用できるのです。

ただし、配偶者軽減の適用を受けてしまうと、相続税の取得費加算の適用も受けられなくなってしまいます。

このような事例はレアなケースですし、この記事を読んだ税理士の方は「本当に？」と疑問を持ちながら条文を読み込むことでしょう。

私も初めは「そんなバカな……」と疑問を持ちながら、条文を読み込んだものです。

ちなみに、相次相続控除の適用を受けて相続税の納税がゼロになる場合には、申告要件がないため申告する必要がありません。

しかし、その後相続財産の売却を検討している場合には、相続税の取得費加算の適用を受けるためにも申告しておく必要があります。

配偶者軽減の適用を受けなかったり、申告要件がないにもかかわらず申告をしたりといろいろと疑問の出てくる案件でしたので、今でもよく覚えています。

もめにもめた争続で2億円得しちゃった!

相続人同士で争ってしまうことはよくある話だと思います。

通常はもめても弁護士費用がかかり、時間と労力を使い、相続人同士の仲も修復不可能になるなどマイナス面しかありません。

また、相続税の計算上も、もめて未分割のままですと、配偶者軽減の適用を受けることができなかったり、小規模宅地等の特例も適用を受けることができずに多額の相続税を納めることになってしまいます(分割が確定した段階で更正の請求をすることはできます)。

そのため、マイナス要素がたくさんあり、プラス要素が全くないのが争続です。

しかし、長年相続の仕事をしていると、やはりレアなケースが出てきます。

同じようなケースにはもう二度と出会わないのではないかと思いますが、もめにもめて得してしまったケースを紹介します。

遺産規模でいうと20億円を超える方で、相続人は妻と子が7人の計8人でした。遺産分割協議がまとまらず、裁判に突入してしまいました。

配偶者軽減や小規模宅地等の特例を適用していないため、納税額も8億円超となっていますし、争っている途中の約5年後には、妻の相続（二次相続）が発生してしまいます。

二次相続では、一次相続で8億円超納めていることもあり、相次相続控除の適用を受けて納税はゼロとなりました。

そこからさらに5年以上経って、ようやく一次相続の財産のうち、一部について遺産分割が決まりました。

遺産分割が確定したため、配偶者軽減の適用や小規模宅地等の特例を適用することができますので、更正の請求で相続税の還付を約4億円近く受けました。

ここで問題となるのが、更正の請求で相続税の還付を受けたことにより、二次相続の計算上、相次相続控除の適用を受ける金額が減ってしまいます。

そのため、2億円近く相続税が発生してしまう計算になったのです。

相続人もあらかじめその点は了承していて、約2億円を納めるつもりでいたのですが、よくよく考えてみると二次相続の申告期限から既に5年以上経っています。

納めている税金が少なかった場合には、税務署から増額更正という処分をすることができるのですが、その期限は申告期限から5年間となっています。

国税通則法第70条の期間制限の定めにより、税務署も「時効ですね」とのことで納めなくて済んでしまいました。

争わなければ本来納めなければならなかったので、結果的に2億円得することになりました。

税金面だけを考えれば、今回のケースは得したといえるかもしれませんが、10年以上にわたって裁判で争っていることを考えると、素直によかったと言えるのかは疑問です。

「節税のためにもめましょう！」とはとても言えないですが、レアなケースでしたので紹介させていただきました。

2回目の相続！　子はみんな持ち家。それでも小規模宅地等の特例を適用できた！

一次相続（夫の相続）で配偶者がいる場合には、配偶者が自宅を相続することで小規模宅地等の特例を適用できるのですが、二次相続の場合には、子がみんな家を出ていて既に自宅を購入しているというケースがよくあります。

自宅に小規模宅地等の特例を適用する場合には、取得者の要件、取得者ごとの要件などがあるのですが、配偶者の場合には無条件で適用を受けることができます。

しかし、子が相続する場合には同居親族か生計を一にする親族であるか、又は被相続人に配偶者も同居親族もいない場合には、持ち家のない子が相続することで適用を受けることができます。

この持ち家のない子が相続して適用を受ける場合のことを、「家なき子特例」という呼び方をします。

そのため、既に子が家を購入してそこに住んでいる場合には、基本的に家なき子特例を適用することができません。

しかし、やり方次第ではこの家なき子特例を適用できる可能性があります。

まず1つ目の方法としては、子が自宅を賃貸用として貸してしまって、子自身は他の賃貸アパートなどに住むという方法です。

この方法の場合には3年以内に相続が発生してしまうと家なき子特例を適用できな

いですが、3年を超えれば家なき子特例を適用できるようになります。

つまり、3年を超えなければいけない点がリスクとなります。

2つ目の方法としては前記の3年のリスクを負うことなくできるのですが、子の子（つまり被相続人の孫）を養子にする方法です。

孫養子にした場合には、法定相続人の数を増やして基礎控除や生命保険の非課税枠を増やしつつ、相続税の計算上でも税率区分が下がるなどの節税効果が得られます。

そして、孫養子が家を持っていなければ、家なき子特例を適用することができるのです。

孫養子が相続するデメリットとしては、2割加算の対象となってしまう点がありますが、節税のメリットのほうがはるかに大きいといえます。

第7章「知らないと損する生前対策！」の「養子縁組を利用」（215ページ参照）でも紹介しましたが、養子縁組による節税効果は高く、小規模宅地等の特例とダブルで節税効果を得られる場合には、相当な節税効果が期待できます。

浮気性な旦那！　でも相続税は安く……。

これはお勧めできる内容ではないのですが……。

浮気をして子どもができてしまった場合でも、法定相続人の数が増えることになります。

婚姻関係のない男女間でできた子どもは非嫡出子となるのですが、婚姻関係のある男女間でできた子ども（嫡出子）と同様に法定相続人になります。

稀にある話です、家族にも伝えてなかったけど戸籍謄本を取り寄せてみると子どもがいるケースが……。

実際に相談を受けた中にも、もともと相続税が高くつきそうだと思っていたものがあったのですが、ほかにも子どもがいることが分かり、さらにビックリしたケースがありました。

法定相続人の数が増えたため基礎控除も増え、結果的には基礎控除額以下のため相続税は発生しませんでした。

相続人からしたらショックな出来事ですが、相続税は安くなったという事例です。

素直に喜んでよいものではないですが、結果的に相続税が安くなった事例ということで紹介しました。

第9章

取り戻せる相続税には限度がある

相続税還付はお金が戻ってくる内容ですので、相続人の方にはとても感謝されます。税理士の仕事の中でもここまで感謝してもらえる仕事は、ほかに思い浮かびません。とてもやりがいのある仕事ですので、今後も相続税還付には力を入れて取り組んでいきたいと思っているのですが、相続税還付で取り戻せる相続税には限界があります。

どういうことかといいますと、相続税還付の要因となるのは大半が財産評価です。たまに計算過程で間違っていたり、根本的な部分でのミスも発見することがありますが、ほとんどは不動産の評価や自社株式の評価、細かい点では有価証券の評価や債務の計上漏れなどです。

このようにほとんどが財産評価の見直しで減額要素を見つけ、相続税還付に至るのです。

ときどき、相続人の方から感謝の言葉とともにこのようなご質問をされることがあります。

「最初から佐藤さんに依頼していたら納める税金もこの金額でよかったんですね？」

正直に申し上げると、この質問に対しては回答に困ります。

概ね質問の内容に間違いないかもしれないですが、全ての案件でそうとは限らないということが、実はあるからです。

繰り返しになりますが、相続税還付で見直しができるのは、基本的に財産評価がメインとなります。

あとは基本的な計算の仕方でミスがあった場合でも還付請求はできますが、税理士が計算していれば基本的な計算の仕方でのミスはほぼありませんので、実質的には財産評価の見直しだけといえます。

つまり、ほかに減額できる要素があったとしても、見直しが不可能な項目が実はあるのです。次に紹介する項目が該当しますので、参考になさってください。

遺産分割協議のやり直しは認められない

まずは遺産分割協議のやり直しです。

分かりやすい項目ですと、例えば、配偶者が相続した場合には1億6000万円までは一切相続税がかかりません。

また、1億6000万円を超えても法定相続分までは相続税がかかりません。

そのため配偶者がたくさん相続すれば、その分、配偶者軽減を受けることができるため、相続税を抑えることができます。

もちろん、二次相続までを考えると一次相続で配偶者の相続する割合を少なくして多めに相続税を納めたほうが、二次相続までのトータルでは安くなることもあるため、必ずしも配偶者が多く相続すればよいということではないのですが、細かい話になるので、ここでは二次相続までのことは考えずに説明をしたいと思います。

とりあえず一次相続だけを考えた場合、配偶者がたくさん相続すれば、相続税を安く抑えることができるという点はご理解いただけると思います。

そうなると、例えば、当初申告で配偶者が全く相続せず、大半を子たちで相続する内容の遺産分割協議をしていたとします。

このような場合に、配偶者がもっと相続したほうがよいからといって、遺産分割協議のやり直しをし、配偶者がたくさん相続する内容にして配偶者軽減を適用するという更正の請求（還付請求）が認められるか否かという点については、残念ながら認めてもらえません。法律上は遺産分割協議のやり直しは可能ですが、税務上では認めてもらえないのです。

仮に遺産分割協議のやり直しをした場合には、それによって移転する財産は贈与として贈与税が課税されるなど、大きな税負担が発生する可能性があります。

もう少しうまく分けたほうがよかったのではと思ってしまうこともありますが、その点については見直しはできない（還付できない）のです。

見直しではなく、相続が発生した直後の申告の段階でご依頼いただいていれば、税務上、最も有利となる分割案（配偶者の取得割合を何%にするかなど）をシミュレーションしてあげられたのにと思ってしまいます。

参考までに、遺産分割協議のやり直しが税務上も認められるケースを紹介すると、当初の遺産分割協議がそもそも法律上無効だった場合です。

法律上無効だった場合には、当然やり直しが必要となりますので、その場合の修正申告や更正の請求は認められます。

特例の選択替えもできない

相続税還付では遺産分割協議のやり直しによる還付請求ができない点についてはご

理解いただけたと思いますが、ほかにも還付請求できない項目があります。

それは小規模宅地等の特例の選択替えになります。

まず、小規模宅地等の特例とは、分かりやすくいうと被相続人の事業用（お店など）、居住用（自宅）、貸付事業用（賃貸アパートなど）に使用していた宅地を評価する際に、一定の割合で減額をしてもらえる制度のことです。

例えば、自宅については330㎡までは80％減額されますので、仮に1億円の評価だったとしても2000万円だけが課税の対象となります。

そのため、税額も大きく減額される制度となります。

非常に大きな減額が認められる制度である点はご理解いただけたと思います。

宅地の用途別の限度面積と減額割合は、240ページの表のとおりとなります。

ここで問題になるのは、小規模宅地等の特例の適用対象となる宅地が複数ある場合です。

●宅地の用途別の限度面積と減額割合

区分	限度面積	減額割合
特定事業用宅地等	400㎡	80%
特定居住用宅地等	330㎡	80%
貸付事業用宅地等	200㎡	50%

特定事業用宅地等と特定居住用宅地等の限度面積については、併用が可能となっていますので、合計で730㎡まで選択することができます。

ただし、貸付事業用宅地等を併用する場合には、合算して適用することはできませんので、限度面積の調整計算が必要になります。

例えば、自宅が165㎡で小規模宅地等の特例を適用した場合には、330㎡の半分を使用したことになりますので、貸付事業用宅地等にも適用をする場合には200㎡の半分である100㎡までは適用をすることができます。

そのため、自宅と賃貸アパートがある場合に、どちらから優先的に適用したほうがよいのか判断が必要になってきます。

単純に土地の単価が同じくらいであれば、自宅のほうが限度面積が大きく、かつ、減額割合も大きいため、特定居住用宅地等である自宅から適用したほうが有利となります。

しかし、自宅が地価の安い地方で賃貸アパートが地価の高い都内にある場合ですと、必ずしも自宅の特定居住用宅地等が有利とは限りません。

場合によっては、賃貸アパートの貸付事業用宅地等のほうが有利となる場合があります。

このくらいの話であれば、一般の税理士でも有利判定をして有利なほうから適用はできると思いますが、ほかにも配偶者と子が相続人の場合、配偶者が相続した場合には配偶者軽減があるため、そこまで考慮すると子が相続した宅地に小規模宅地等の特例を適用したほうが、有利になります。

そのため、単純に減額の単価のみで判断ができなくなるケースが出てきます。

そうなってくると、相続を専門にしていない税理士では、最も有利な宅地に小規模宅地等の特例を適用しないことが考えられます。

また、ここでは小規模宅地等の特例について、基本のところしか説明しませんが、とても奥が深い論点となりますので、小規模宅地等の特例の要件を満たしているのか、判断が非常に難しいケースがたくさんあるのです。

本当は小規模宅地等の特例の適用要件を満たしているのに、判断ができずに適用していない申告書を見かけることもあります。

相続税の見直しをしていると、小規模宅地等の特例に関するミスもたくさん見つけることがあるのです。

では、小規模宅地等の特例でミスをしていた場合に、更正の請求（還付請求）で相続税の還付を受けることができるのでしょうか？

残念ながらできません。

更正の請求で還付が認められるのは、簡単にいうと計算間違いなど、間違って申告してしまった場合になります。

それなら小規模宅地等の特例で不利な宅地に適用してしまった場合に、「選択を間違えたという主張で還付請求できないのか？」と思われるかもしれませんが、小規模宅地等の特例は納税者が選択をして適用します。

複数の宅地があった場合に、選択をするのも納税者となります。

仮に計算上、不利なものを選択して適用した場合も間違いではなく、納税者が自ら不利なものを選択したと解釈されるため、計算間違いではないということになります。

つまり不利なものを選択して、正しく計算されているということです。

納得いかないかもしれないですが、このような解釈がされているため、仮に還付請求をしても否認されてしまいます。

小規模宅地等の特例については、当初申告できちんと有利判定をして適用するしかないのです。

小規模宅地等の特例は大きな減額が認められる制度ですので、こちらについても見直しができない点はとてもくやしいところです。

参考までに小規模宅地等の特例で選択替えが認められるケースを紹介すると、当初選択した宅地がそもそも小規模宅地等の特例の要件を満たしていなかった場合などがあります。

この場合には明らかなミスであるため、更正の請求が認められます。

特定路線価の設定は外せない

まず、基本的な宅地の評価方法を先に説明したいと思いますが、宅地の評価方法には、路線価方式と倍率方式の2つの方法があります。

どちらで評価するかは地域によって決められています。市街地にある路線価が設定されている宅地の評価は路線価方式、路線価が定められていない地域については倍率方式で評価することになります。

イメージとしては、都市部は路線価地域、地方は倍率地域になります。

なお、計算方法は次のとおりとなります。

〈路線価方式〉

路線価×各種補正率×宅地面積（㎡）＝評価額

路線価を、その宅地の形状等に応じた各種補正率（奥行価格補正率、側方路線影響加算率など）で補正した後、その宅地の面積を掛けて評価額を計算します。

〈倍率方式〉

固定資産税評価額×倍率＝評価額

倍率方式による宅地は、その宅地の固定資産税評価額に一定の倍率を掛けて評価額を計算します。

以上が、路線価方式と倍率方式の違いになります。

特定路線価の設定の問題が出てくるのは、路線価方式の場合です。

路線価図を見ると、道路に路線価が設定されているため、その路線価を使って評価するのですが、路線価が設定される道路には定義があります。

つまり、道路であれば何でもかんでも路線価が設定されるわけではないのです。

路線価については、財産評価基本通達14で定められています。

〈通達の一部抜粋〉

「路線価」は、宅地の価額がおおむね同一と認められる一連の宅地が面している路線（不特定多数の者の通行の用に供されている道路をいう。）ごとに設定する。

つまり、誰でも通り抜けできるような道路である必要があります。

逆にいうと、行止り私道のような特定の者しか通らないような道路には、路線価が設定されないのです。

そのため、行止り私道にしか接していない宅地を評価する場合に、特定路線価を設定するかどうかという問題が発生します。

特定路線価についても、財産評価基本通達14―3で定められています。

〈通達の一部抜粋〉

路線価地域内において、相続税、贈与税又は地価税の課税上、路線価の設定されていない道路のみに接している宅地を評価する必要がある場合には、当該道路を路線とみなして当該宅地を評価するための路線価（以下「特定路線価」という。）を納税義務者からの申出等に基づき設定することができる。

つまり、路線価が設定されていない行止り私道等のみに接している宅地の場合には、特定路線価を設定してもらうように申出書を提出することで特定路線価を設定してもらえるのですが、ここで注意しなければならない点としては、特定路線価の設定は「できる」規定であることです。

逆にいうと、必ずしも「しなければならない」というわけではないのです。

では、特定路線価を設定しないでどのように評価するのかという点ですが、例えば、249ページの図のように、路線価が設定されている道路を正面路線として評価する

特定路線価を設定しない場合

図

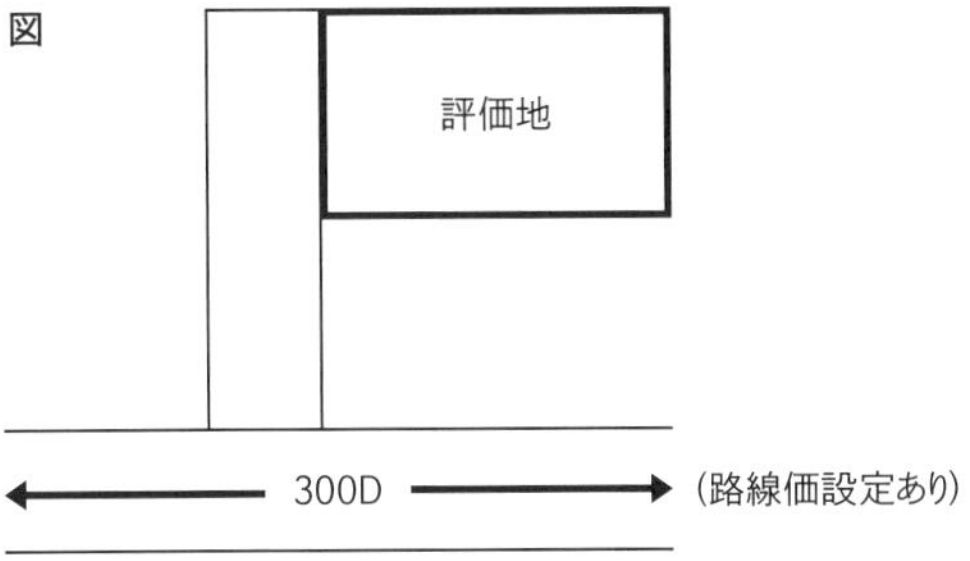

※路線価の数字は千円単位となっています。数字の後のアルファベットは借地権割合を意味しています。例えば、300Dであれば、その路線価に接する土地を1㎡当たり300,000円で評価し、借地権である場合には、評価額に借地権割合D＝60%を乗じることになります。

●借地権割合

記号	A	B	C	D	E	F	G
借地権割合	90%	80%	70%	60%	50%	40%	30%

ことができます。

以上のように、特定路線価を設定して評価する方法と、特定路線価を設定しないで評価する方法の２つの方法があるのですが、どちらのほうが評価が安くなるのでしょうか？

納税者の方が最も気になる点だと思いますが、基本的には特定路線価を設定しないほうが圧倒的に安く評価できます。

特定路線価を設定しても、路線価が設定されている道路の路線価と比較して10％ほどしか安くなりません。

そのため、249ページの図のケースでは、路線価が設定されている道路の路線価が300Dですので、特定路線価を設定した場合には、おそらく270Dくらいになると思われます。

これに対して300Dの路線価が設定されている道路を正面路線として評価すると、評価値は旗竿地になるため差引計算で評価減できるのと、大きくかげ地割合（※）を取れるため、不整形地補正でも評価減ができます。

※土地の間口から垂直に土地全体を覆うような正方形又は長方形（想定整形地という）を作り、そのうちに占める実際に土地がある部分以外の割合のこと。

だいたい、40％から50％くらい評価を減額できる可能性があるのです。

ちなみに、特定路線価を申請し、特定路線価が設定されてしまうと、その特定路線価は使わなければなりません。

「思ったより高かったから特定路線価は使わない」といった選択はできないのです。過去の判例でも、特定路線価を設定したら、「不合理と認められる特段の事情がない限り使わなければならない」とされた事例があります。

相続税に精通している税理士であれば、以上のように特定路線価を設定した場合のデメリットやどちらのほうが評価が安くなるのかということを、過去の経験やノウハウから判断できますが、相続税に不慣れな税理士ですと、特に疑問も感じないで特定路線価の設定を申請しているケースがあります。

あとは保守的な税理士の中にも、特定路線価を設定しておけば、対税務署もスムーズであるため特定路線価を設定するという方もいます。

特定路線価を設定しないで評価する場合、税務調査で「なぜ特定路線価を設定していないのか？」「評価が下がり過ぎではないか？」と指摘される可能性もあります。

ですが、特定路線価は財産評価基本通達において「できる」規定となっているため、特定路線価の設定に強制力はありません。

通達はそもそも法律ではありませんので、法的な強制力があるものではないですが、国家公務員である税務職員は守らなければならないものになります。

どういうことかといいますと、通達は国家行政組織法第14条第2項に根拠を有し、国家公務員にとって順守すべきものであるのに、これを無視することは国家公務員法第82条第1項第2号の職務上の義務に違反し、懲戒処分の対象になるからです。

〈根拠法令〉

国家行政組織法

第14条　各省大臣、各委員会及び各庁の長官は、その機関の所掌事務について、公示を必要とする場合においては、告示を発することができる。

２　各省大臣、各委員会及び各庁の長官は、その機関の所掌事務について、命令又は示達をするため、所管の諸機関及び職員に対し、訓令又は通達を発することができる。

国家公務員法

（懲戒の場合）

第82条　職員が、次の各号のいずれかに該当する場合においては、これに対し懲戒処分として、免職、停職、減給又は戒告の処分をすることができる。

一　この法律若しくは国家公務員倫理法又はこれらの法律に基づく命令（国家公務員倫理法第５条第３項の規定に基づく訓令及び同条第４項の規定に基づく規則を含む。）に違反した場合

二　職務上の義務に違反し、又は職務を怠つた場合

三　国民全体の奉仕者たるにふさわしくない非行のあつた場合

少し難しい話ですが分かりやすくいうと、もし税務職員が特定路線価の設定を強制しようとしたら、それは通達の「できる」規定を無視したことになるため、通達違反で懲戒処分の対象となる可能性もあるということです。

さすがに税務調査でここまでのことは主張しませんが、もしどうしても税務署側が譲らない場合には、最終手段としてこのような説明もやむを得ないと考えています。

次に「評価が下がり過ぎではないか？」と指摘された場合ですが、仮にかげ地割合が高くなり過ぎた場合であっても、最大で40％までの減額となります。

つまり、最大の評価減ができる40％のラインを過ぎると、あとはいくらかげ地割合が高くなっても40％までしか評価減ができません。

差引計算は奥行距離等によりますが、だいたい10％くらいの評価減になると、大きく減額しても50％くらいになります。

例えば、これが80％、90％と評価減できてしまった場合には、さすがに下がり過ぎだとは思いますが、評価減できる補正率の下限が決まっているため、不合理に下がり過ぎるということはないといえます。

もし、どうしても約50％の評価減が下がり過ぎだと主張したいのであれば、不整形地補正率表を変えればよいのです。私は特定路線価を設定しない主義ですが、特定路線価を設定したとしても、それは間違いではありません。

相続税の見直しをしていると、特定路線価を設定しているケースがかなりたくさんありますが、その部分については残念ながら見直しができません。

過去の判例でも「特定路線価を設定している場合にはそれを使いなさい」という事例があるため、よほど特定路線価が合理性に欠ける理由がなければ、特定路線価を使わない評価方法は認められないでしょう。

毎回、特定路線価が設定されている評価を見るたびに、当初申告から依頼されていればもっと評価額を下げられたのにと思ってしまいます。

相続税専門の税理士に関与してもらうタイミングは？

ここまで、相続税還付で見直しができない項目を3項目紹介いたしました。

相続税還付はお金が戻ってくる内容ですので、とても感謝され、私としても最もやりがいのある仕事になっています。

しかし、相続税還付では見直しができる項目に限界があります。

それでも還付金額が数百万円、数千万円単位になってくるため十分満足してもらえるのですが、もったいないと思うことがたくさんあります。

では、どのタイミングで依頼をしてもらえばよかったのでしょうか？

それは当初の相続税の申告のタイミングになります。

亡くなってから10カ月以内に申告する必要があるのですが、そのタイミングで依頼いただければ、遺産分割協議でどのように分ければ特例を受けられるのかなどのアドバイスをすることができます。

小規模宅地等の特例についても、有利判定をして最も有利な宅地の適用で減額することができます。特定路線価の問題についても、安くなるように評価できるのです。

では「相続税の申告のタイミングがベストなのか？」というとそうではありません。そのさらに前のタイミングである生前から依頼いただければ、第7章で紹介したような生前対策をして節税することができます。

つまり相続税専門の税理士に関与してもらうタイミングは、早ければ早いほどよいのです。

しかしながら、生前からしっかりと意識して対策している方ばかりではありません。残念ながら、何も対策せずに相続が発生してしまうケースがたくさんあります。

相続税の申告も前からの付き合いのある税理士がいる場合には、他の税理士に依頼はしにくいことでしょう。

そのように、既に相続税の申告をしてしまった方に対しての最終手段が、相続税還付での見直しとなります。

お金が戻ってきてラッキーではなく、相続税還付は実は手遅れの手前なのです。

とはいえ、5年10カ月を過ぎて手遅れになるよりは、相続税還付の見直しを依頼したほうがよいのは間違いないでしょう。

相続税専門の税理士に関与してもらうタイミングは?

①生前	②死亡後	③申告後5年以内	④5年超
生前対策	相続税の申告	見直しして還付	手遅れ
	相続開始	10カ月以内	5年以内
理想のタイミング	対策はできていない	手遅れの手前	手遅れ

できることの違いはこんなにある!!

①生前	②死亡後	③申告後5年以内	④5年超
節税対策	適正な財産評価	財産評価の見直し	何もできない
納税資金対策	二次相続を考慮した分割案	遺産分割のやり直しは不可	次の相続対策はできる
争続対策（遺言等）	小規模宅地等の特例（有利判定）	特例の選択替えは不可	—
—	対策をしていないので節税は限界	—	—

相続税１億円の場合、関与のタイミングによってこんなに変わる!!

①生前	②死亡後	③申告後5年以内	④5年超
5,000万円	7,000万円	8,000万円	1億円

①生前から対策をすることで、財産の圧縮などで節税できます。
②財産評価のみならず、遺産分割の方法でも税金は安くなります。
③見直しで財産評価を下げることができるので、納め過ぎた相続税を取り戻せる可能性があります。
④相続に慣れていない税理士だと財産評価が高くなりすぎているケースが多く、納税額も多額になります。

※上記の金額はイメージです。所有している財産や相続人の構成にもよるため、金額については保証するものではありません。

第10章

相続財産再鑑定士とは?

相続財産再鑑定士

相続財産再鑑定士とは、相続に関する知識のみならず、相続税を納めた人たちに対して、実は納め過ぎている可能性があるという事実を広く一般に発信し、一般の人たちが相続税で損をしないようにするために導く役割を担います。

相続に関する民法の知識や、相続税法の周辺知識も当然に必要となるので、相続に関する知識や問題などを学び、お客様に適正な情報発信をする専門家となります。

世の中の数多くの専門家は、生前対策（もめないための対策、節税対策、納税資金対策など）や相続が発生した直後（相続税の申告や遺産整理業務、相続した財産の処分など）のお手伝いをする人がほとんどであり、相続の手続きなどを全て終え、相続税を納めてしまった人に対して、さらにお手伝いしようとする専門家はほとんどいません。

なぜかというと、相続人は「もう相続手続きは全て終わったものだ」と思っていますし、専門家も同様に「もう相続手続きは全て終わったし、お手伝いできることはない」と思っているからです。

そのため、相続財産再鑑定士は相続手続きが終わった方に対して、お手伝いできる唯一の存在であるといえますし、「実は相続税を納め過ぎて損をしているかもしれない」という真実を広く世の中に情報発信をして、故人が残した大切な財産を取り戻していくことでお客様のお役に立てるよう活動しています。

相続財産再鑑定協会の目的

一般社団法人 相続財産再鑑定協会は、全国の払い過ぎた相続税について計算の基となる財産の評価を再度行うことで、取り戻せる可能性があるという事実を世に広く発信し、相続税で損をしてしまった人を、少しでも減らすお手伝いをすることを目的としています。

相続税を専門としている税理士、不動産鑑定士が中心となって相続税の還付を受ける更正の請求や財産の再評価を行いますが、その情報発信については不動産業界、保険業界、弁護士、司法書士、行政書士などの専門家との連携が重要となります。

一般社団法人 相続財産再鑑定協会では、専門家はお客様の信頼に最大限応えていく義務があると考えています。

税理士は、税務に関する専門家でありますし、お客様も税理士に対しては信頼をして税務申告を依頼していると思います。

当然、申告の依頼を受けた税理士は、お客様の信頼に応えていく使命があります。

しかしながら、今まで述べてきたように、相続税については不慣れな税理士が多く、納め過ぎている申告書が数多くあります。

適正な相続税よりも、多く納めてしまう申告書をつくることは、お客様の信頼を裏切っているといえますし、同じ専門家として到底許されるものではないと考えています。

私たちは、相続税を納め過ぎてしまった人たちにこの事実を知ってもらい、大切な財産を少しでも取り戻していただくために一般社団法人 相続財産再鑑定協会を設立いたしました。

主な活動としては、相続税還付を世の中に広げるための民間資格である「相続財産再鑑定士」の普及となります。

相続財産再鑑定士になるには

相続財産再鑑定士の資格を取得するには、一般社団法人 相続財産再鑑定協会が主催する認定講習会等の受講で、民法・相続税法等の知識を身に付けていただき、所定の要件を満たすことが必要となります。税理士の資格がなくても取得は可能です。以下、資格認定までの流れを紹介します。

①認定講習会の受講

まずは、認定講習会の申込みをしてください。申込み完了後、事務局よりFAX又はメールで申込受付及び講習代の振込先をご連絡いたしますので、講習代38800円（税込／テキスト・初回登録料込）を指定口座にお振込み願います。

※振込手数料はお客様負担となりますので、あらかじめご了承ください。

②認定試験を受ける

講習会受講後、講習会場にて認定試験を受けていただきます。認定試験終了後、相続財産再鑑定士の登録を行います。この際、認定証に使用する写真（縦4・5㎝×横3・5㎝）が必要になります。

③合格

認定試験合格者には試験終了後2週間程度で、合格証書を送付します。残念ながら不合格となった方には、追試のご案内を送付いたします。

④登録及び認定

認定試験合格者には、合格証書とあわせて認定証を送付いたします。認定証到着後、協会公認の相続財産再鑑定士として活動できます。登録の有効期間は2年間で、2年ごとに更新料10800円（税込）が必要となります。

更新時には、Web又はDVDで所定の講習を受講していただいた上で、あらためて相続財産再鑑定士の行動準則を承認していただきます。認定証も更新します。

なお、相続財産再鑑定士は民間資格となりますので、特に独占業務等はありません。個別の税務は、税理士法等により税理士等の有資格者のみ行うことができます。

詳しくは、一般社団法人 相続財産再鑑定協会ホームページをご覧ください。

http://www.saikantei.info/

相続財産再鑑定士のメリット

平成27年1月1日の相続税法の改正や少子高齢化等に伴い、不動産業界をはじめ、様々な業界で相続対策ブームとなっています。そのため、相続に関する仕事では競合相手が多く、差別化することがとても困難であるといえます。

お客様に満足していただき、信頼関係を築いていくためには、新たなサービスを提供していく必要があるでしょう。

相続財産再鑑定士の資格を持っていれば、相続税専門の税理士を紹介することでお客様とのつながりができますし、実際に紹介した税理士によって相続税の還付に成功した場合には、お客様との厚い信頼関係を築くことができます。

具体的には、二次相続対策としての不動産の活用や生命保険の活用が考えられますので、不動産業の営業マンや生命保険の営業マンとはとても相性の良い資格であるといえます。

例えば、相続税還付に成功した後、更地等で有効活用できていない不動産を相続された方については、アパート建築等の提案をさせていただく機会があると思いますし、相続人である奥様が生命保険の非課税枠を使い切れていないケースでは、一時払終身保険を提案させていただく機会があると思います。

相続税還付の法的根拠（国税通則法）

（更正の請求）※要約

第23条　納税申告書を提出した者は、次の各号のいずれかに該当する場合には、当該申告書に係る国税の法定申告期限から5年以内に限り、税務署長に対し、その申告に係る課税標準等又は税額等につき更正をすべき旨の請求をすることができる。

一　当該申告書に記載した課税標準等若しくは税額等の計算が国税に関する法律の規定に従っていなかったこと又は当該計算に誤りがあったことにより、当該申告書の提出により納付すべき税額（当該税額に関し更正があった場合には、当該更正後の税額）が過大であるとき。

以下第3項まで省略

4　税務署長は、更正の請求があった場合には、その請求に係る課税標準等又は税額等について調査し、更正をし、又は更正をすべき理由がない旨をその請求をした者に通知する。

以下省略

（国税の更正、決定等の期間制限）※要約

第70条　更正決定等は、国税の法定申告期限から5年を経過した日以後においては、することができない。

巻末付録

知っておきたい、相続税の基本

1．相続人の判定

相続人になる人は、亡くなった人との関係で決まります。まず、配偶者はどのような場合でも常に相続人になります。ただし、正式な婚姻関係にある必要があり、事実婚のパートナーや内縁の妻といった人は、相続人にはなれません。配偶者以外の相続人は、民法で下記のように優先順位が定められています。

第1順位……子ども（養子や認知された子ども（非嫡出子）も含みます。）つまり、この場合は配偶者と子どもが相続人になり、配偶者がいなければ、子どもだけが相続人になります。子が亡くなっている場合には、その子（被相続人からみて孫）が代わって相続人になり、この「代襲相続」は下へ下へと何代でも続きます。

第2順位……第1順位の人が誰もいない場合には、直系尊属が相続人となります。直系尊属は父母で、父母がいなければ祖父母というように上にさかのぼります。

第3順位……第2順位の人も誰もいない場合には、兄弟姉妹が相続人になります。亡くなった兄弟姉妹がいれば、その子（被相続人からみて甥や姪）が代わって相続人になりますが、兄弟姉妹の代襲相続は1代に限られています。

相続の各種手続きは相続人が行いますので、まずは相続人を確定させるために、被相続人の出生から亡くなるまでの戸籍謄本を取り寄せる必要があります。理由としては、前妻との子どもや、家族に知らせずに認知した子どもがいるケースがあるためです。

なお、相続人がいない場合で、かつ、遺言書も遺されていない場合には、被相続人の財産は国庫に入ります。

2. 法定相続分

財産や債務を引き継ぐ時の割合（法定相続分）について説明します。

〈子と配偶者が相続人である場合〉

子の相続分も配偶者の相続分も、ともに2分の1となります。子が数人いるときは、それぞれの子の相続分は均等です。

※嫡出子と非嫡出子がいる時は、最高裁決定により下記のとおりとなります。

①平成25年9月4日以前の申告又は処分については、非嫡出子の相続分は嫡出子の2分の1でした。

②平成25年9月5日以降の申告又は処分については、非嫡出子と嫡出子の相続分は同等となりました。

〈配偶者と直系尊属が相続人である場合〉

配偶者の相続分は3分の2となり、直系尊属の相続分は3分の1となります。直系尊属が数人いるときは、それぞれの直系尊属の相続分は3分の1を均等にしたものとなります。

直系尊属には実父母、養父母の区別はありません。

〈配偶者と兄弟姉妹が相続人である場合〉

配偶者の相続分は4分の3となり、兄弟姉妹の相続分は4分の1となります。兄弟姉妹が数人いるときは、それぞれの兄弟姉妹の相続分は4分の1を均等にしたものとなります。

ただし、父母の一方のみを同じくする兄弟姉妹（半血兄弟姉妹）の相続分は、父母の双方を同じくする兄弟姉妹（全血兄弟姉妹）の相続分の2分の1となります。この父母には、実父母のほか、養父母を含みます。

3. 相続税の計算方法

相続税法では、実際の各相続人における財産の取得状況にかかわらず、法定相続人が法定相続分で取得したものと仮定して、相続税の総額を計算します。その後、相続税の総額を実際の取得割合で案分して、各相続人の相続税を計算します。

相続税の具体的な計算方法は、次のとおりです。①から⑧の手順で計算して、各相続人の納付税額を算出します。

〈相続税の計算方法〉

①遺産総額＝相続財産－非課税財産＋（みなし相続財産－非課税金額）

②課税価格＝遺産総額－（債務＋葬式費用）＋生前贈与加算＋相続時精算課税適用財産

③課税遺産総額＝課税価格－基礎控除額（3000万円＋600万円×法定相続人の数）

④各法定相続人の取得金額（千円未満切捨て）＝課税遺産総額×法定相続人の法定相続分

⑤各法定相続人の税額＝各法定相続人の取得金額×税率－控除額

⑥相続税の総額（百円未満切捨て）＝各法定相続人

の税額の合計額

⑦各相続人の算出相続税額＝相続税の総額×各人の課税価格÷課税価格の合計額

⑧各相続人の納付税額＝各相続人の算出相続税額＋相続税の2割加算－各種税額控除

相続税の税率(平成27年1月1日以後)

法定取得金額	税率	控除額
1,000万円以下	10%	―
3,000万円以下	15%	50万円
5,000万円以下	20%	200万円
1億円以下	30%	700万円
2億円以下	40%	1,700万円
3億円以下	45%	2,700万円
6億円以下	50%	4,200万円
6億円超	55%	7,200万円

4. 相続財産とみなし相続財産

相続財産とみなし相続財産について説明します。

〈相続財産〉

本来の相続財産は民法上の相続財産のことであり、有形無形を問わず、金銭で見積もることができる財産は全て含まれます。具体的には土地・建物・有価証券・現金預貯金・特許権・著作権等があります。

なお、相続税法上、次に掲げる財産等一定の財産については、非課税財産として相続税は課税されません。

・墓地、仏壇、仏具、祭具
・公益事業の用に供する財産
・国、地方公共団体、特定の公益法人等に対して贈与（寄付）した財産
　※相続税の申告期限までに贈与した場合に限る。
・心身障害者扶養共済制度に基づく給付金を受ける権利　等

〈みなし相続財産〉

民法上の相続財産ではないが、相続税法上、相続財産とみなして相続税が課税される財産のことをいいます。

具体的には、生命保険金等と退職手当金等があります。

(1) 生命保険金等

被相続人の死亡により支払われる生命保険金等は、保険金受取人固有の財産となり、民法上の相続財産には該当しません。しかし、被相続人が保険料を負担していた場合、支払われる保険金は相続財産とみなされます。

(2) 退職手当金等

遺族に対して支払われる退職手当金等は民法上の

相続財産ではないが、生命保険金等と同様に相続財産とみなされます。

あとがき

相続税を納めている人の70％以上が納め過ぎとなっていますが、日本全国の規模で考えたときにどのくらいになるのでしょうか？

日本全国の相続税の申告書を全て見直ししたわけではないため推定ではありますが、計算してみたいと思います。

まず、相続税の税収は、年間で約1兆2000億円となっています。増税前のデータですので、平成27年1月の増税後の税収は大幅に増えていくことが予想されますが、ここでは1兆2000億円をベースに考えていきたいと思います。

単純に、相続税還付の対象となる5年10カ月で計算しますと、5年10カ月間の税収が約7兆円あることになります。

もちろん、7兆円が全て還付されるわけではありません。その中で、納め過ぎとなっている部分だけが還付対象となります。

また、約7兆円を納めている相続人の人数ですが、相続税の年間の申告件数が約5万件で、1件当たりの相続人の人数は平均で2・4人となります。そのため、年間の相続税納税者は約12万人、単純に5年10カ月を掛け算すると約70万人となります。

次に、相続税還付の成功率ですが、10件中7件以上の確率となります。還付される金額については、事例によってケースバイケースで、当初の納税額に対してわずか1%、2%ということもあれば、中には90%還付されるケースもあります。平均すると、だいたい20%に落ち着くのではないかと思われます。

以上の点を踏まえて、単純に掛け算をしますと、次のようになります。

【算式】
7兆円（相続税の税収）×70%（還付対象）×20%（還付される割合）＝9800億円

単純計算でなんと9800億円!

約1兆円規模となってきます。

つまり、日本全国で一斉に還付請求をしたら、約1兆円が還付されることになります。

計算した私もビックリです。

もし1兆円も還付請求をしたら、国に目をつけられるのではないか、と心配になってしまう規模です。

しかし、これは何も大げさな話ではないと思いますし、実際に日本全国の相続税の申告書を見直ししたら、1兆円くらいの減額はできると思います。

物理的に、私1人ではいくら時間があっても足りないですが……。

しかも、この計算は相続税増税前の統計データを基にしています。

増税となった今後は、納め過ぎの相続税も、さらに増えていくと予想されます。

まだまだ世の中に知られていない「相続税還付」ですが、知らないということは本当にもったいないことだと思います。

納税は国民の義務ですが、納める必要のない税金を納める義務はありません。

仮に、8000万円の納税の義務があるのであれば、8000万円だけ納めればよいのです。8000万円が適正な納税額であるところをわざわざ1億円納める必要はありません。

私は「損をさせない申告」を信念に税理士業をさせていただいています。

損をしている納税者を1人でもなくし、適正な納税額に正していきたいという思いで、これからも「相続税還付」を世の中に広げるために全力を尽くしていきたいと思います。

税理士・相続財産再鑑定士
佐藤和基（さとう かずき）

佐藤和基税理士事務所（代表）
一般社団法人 相続財産再鑑定協会（代表理事）

昭和59年生まれ。平成19年1月に相続税専門最大手の税理士法人レガシィに入社し、主に相続税を専門に扱う業務に携わる。平成22年に相続税以外の一般的な税務を学ぶため、税理士法人ワイズコンサルティングに転職。平成26年1月に独立開業した。以降、最も得意とする相続税の専門家として特に「相続税還付」に力を入れている。相続税還付のポイントとなる土地の評価では500件以上の評価実績がある。「相続税還付」は週に1件ほどのペースで依頼を受けているが、「相続税還付」をさらに世の中に広めていくため、平成27年1月に、一般社団法人 相続財産再鑑定協会を設立した。

佐藤和基税理士事務所
〒171-0014　東京都豊島区池袋2-51-15 第3ハルタビル502号室
TEL:03-6914-2640　FAX:03-6914-2641
URL: http://www.satoutax.com/

一般社団法人 相続財産再鑑定協会
〒103-0012　東京都中央区日本橋堀留町1-11-5 日本橋吉泉ビル2階
TEL:03-3524-7145　FAX:03-6868-0827
URL: http://www.saikantei.info/

不動産の知識があれば相続税は取り戻せます！

平成27年12月9日　初版発行

著　者　佐藤和基
発行者　中野孝仁
発行所　㈱住宅新報社

出版・企画グループ　〒105-0001 東京都港区虎ノ門3-11-15（SVAX TTビル）
（本　社）　☎（03）6403-7806
販売促進グループ　〒105-0001 東京都港区虎ノ門3-11-15（SVAX TTビル）
☎（03）6403-7805

大阪支社　〒541-0046　大阪市中央区平野町1-8-13（平野町八千代ビル）　☎(06)6202-8541㈹

＊印刷・製本／美研プリンティング㈱
落丁本・乱丁本はお取り替えいたします。

Printed in Japan
ISBN978-4-7892-3772-7 C2030